Tu
Felicidad
Depende
de tu
Actitud

Tu Felicidad Depende de tu Actitud

Cynthia Leppäniemi

Estrategias para cambiar tu vida y sentirte pleno

Diseño de portada: Claudia Safa
Fotografías de portada: © Shutterstock

© 2012, Cynthia Leppäniemi

Derechos reservados

© 2012, Editorial Planeta Mexicana, S.A. de C.V.
Bajo el sello editorial DIANA M.R.
Avenida Presidente Masarik núm. 111, 2o. piso
Colonia Chapultepec Morales
C.P. 11570, México, D.F.
www.editorialplaneta.com.mx

Primera edición: septiembre de 2012
Primera reimpresión: febrero de 2013
ISBN: 978-607-07-1337-8

La autora de este libro no prescinde del consejo médico o receta el uso de alguna de estas técnicas como forma de tratamiento para los problemas físicos, emocionales o médicos sin el consejo de un doctor, ya sea directa o indirectamente.
La intención de la autora es ofrecer únicamente información de carácter general para ayudarle a usted en su búsqueda de bienestar emocional y espiritual. En el caso de que utilice en usted cualquier información que se presenta en este libro, lo que es su derecho constitucional, ni el autor ni los editores asumen responsabilidad alguna por las acciones que tome.

No se permite la reproducción total o parcial de este libro ni su incorporación a un sistema informático, ni su transmisión en cualquier forma o por cualquier medio, sea éste electrónico, mecánico, por fotocopia, por grabación u otros métodos, sin el permiso previo y por escrito de los titulares del *copyright*.
La infracción de los derechos mencionados puede ser constitutiva de delito contra la propiedad intelectual (Arts. 229 y siguientes de la Ley Federal de Derechos de Autor y Arts. 424 y siguientes del Código Penal).

Impreso en los talleres de Litográfica Cozuga, S.A. de C.V.
Av. Tlatilco núm. 78, colonia Tlatilco, México, D.F.
Impreso y hecho en México – *Printed and made in Mexico*

Para Bernardo y para Víctor

Hijo, eres el milagro que tanto esperé.
Este es mi regalo para ti. Mi anhelo es poder darte
todos los días de mi existencia un buen ejemplo de actitud
y que ames tanto como yo esta Vida tan maravillosa.
Cree en ella; su Sabiduría te trajo aquí con nosotros...

Vic, el Universo conspiró para que formáramos juntos
nuestro mundito. Amo este mundo, contigo.
Sin tu empuje y sin tu ejemplo de actitud
me habría tardado mucho más en poder comprender
lo que he plasmado en estas hojas. Te amo.

Dad, I love you.

Contenido

Agradecimientos 9
Introducción 11
   El poder transformador de la actitud

1: **¿Cuál es tu actitud?**
(o cómo dejar de pensar que los demás son unos tontos, menos tú) 21
   1. Reconoce tu actitud actual 21
   2. Descubre qué emociones dominan tu actitud 28
   3. ¿Existe la actitud ideal? Cómo ser *tu mejor tú* 34

2: *Hoy voy a cambiar...* **Cambia el chip:**
cuestión de actitud (y mucha voluntad) 38
   1. La importancia del cambio 38
   2. Hoy elige ser feliz / Haz a un lado la procrastinación 43
   3. Herencia no es destino 50
   4. Es posible *recablear* tu cerebro 53
   5. Piensa en grande, da pasos pequeños 56
   6. La magia de los 21 días 57

3: **Dieta para una buena actitud: qué comer, cuánto dormir y de quiénes rodearte para ser más optimista** 61
   1. Comer bien, dormir bien y hacer ejercicio:
      un trío *muuuuy* reparador 62
      UNO: *tu dieta* 62
      DOS: *el ejercicio* 66
      TRES: *el sueño* 68
   2. Busca una motivación 70
   3. Meditación: el poder del silencio interior 79
   4. No te alimentes de malas noticias 85

4: **Cambia tus pensamientos y deja de preocuparte**
(o cómo tener una actitud relajada) 90
   1. Esa vocecita interna... Ponle un alto a los pensamientos
      negativos 90
   2. ¡Basta de dramas! Empieza a reírte de ti 97
   3. Deja de ser una víctima..., ¡ya no te tires al suelo! 100

5: **La actitud en los tiempos de *la* cólera... (de las crisis económicas, la inseguridad, el AH1N1, la gente tóxica...)** ... 103
   1. Vacúnate contra la gente *difícil* 103

2. La resiliencia y las adversidades — 108
   3. ¿Problemas o posibilidades? — 115
   4. ¡Se vale estar de malas! — 119
   5. Días no tan buenos y días realmente malos — 125
   6. Aprende a fluir — 131

6: **Más espejos y menos ventanas (o cómo ser tu mayor fan y adoptar una actitud de agradecimiento)** — 133
   1. *Qué bonito soy, cómo me quiero* / Sé tu mejor amigo — 133
   2. Aprende a conocerte — 136
   3. Deja las comparaciones — 141
   4. Aprecia todo lo que tienes — 144
   5. ¿De qué contagias a los demás? — 152

7: **Felicidad empieza con *fe* (o cómo empezar a confiar más en ti, en Dios y en los demás)** — 155
   1. Tu conexión con Dios — 155
   2. Más confianza y menos control — 159
   3. Dile adiós al piloto automático / aprende a vivir el momento — 162
   4. La importancia de honrar tu pasado — 171
   5. ¿Dónde está la felicidad? — 174
   6. El Universo conspira a tu favor — 177

8: **¿Podemos cambiar al mundo? Tu actitud + mi actitud = un futuro más prometedor** — 180
   1. El planeta: un reflejo de nuestra actitud — 180
   2. El arte de la compasión — 186
   3. Del Yo al Nosotros: conéctate con los demás (y no estamos hablando solo de Facebook…) — 191
   4. En sintonía con el Universo — 199
   5. Una reacción en cadena (o el salto cuántico) — 203

Conclusiones — 209

Bibliografía y Fuentes — 211

Agradecimientos

Este libro no hubiera sido posible en este momento de mi vida sin mi red de apoyo:

Mi mamá, que incondicionalmente respondió *sí* a cada petición de cuidar a mi hijo para que yo pudiera trabajar en este proyecto.

Mi hermana, que llegó en los momentos clave para abrazarme y hacerme reír cuando la tensión estaba a punto de derribarme.

Mi *life coach*, Gaby Pérez Islas, porque su impulso me ayudó a llegar a donde estoy ahora. Nuestras sesiones son siempre una fuente de inspiración. ¡Gracias, Gaby!

Mi asesora en psicología y amiga, Magda Novelo, por su orientación y profesionalismo.

Mi editora, Doris Bravo, por abrirme las puertas al mundo editorial y darme la gran oportunidad de publicar en esta importante casa que ahora me acoge, Diana. Gracias, Doris, por tus oídos para escuchar y descubrir lo que mi alma tenía que decir por medio de la escritura...

Agradezco también a tanta gente que, sin saberlo, me ha inspirado con sus historias de vida. Algunas se encuentran mencionadas en este libro y son ejemplos de actitud y de aspiración a una vida más feliz. Por eso, los nombres de ciertos testimonios no fueron cambiados, precisamente a manera de homenaje para sus protagonistas. Para ustedes, mi agradecimiento.

Y doy gracias, por sobre todas las cosas, a Dios, que tanto me ama, y a la Vida por su sabiduría. Mi vida es mi mayor bendición, me siento muy afortunada.

Finalmente, aprecio profundamente que hoy pueda dirigirme a ti, querido lector, en verdad te agradezco por haber tomado este libro en tus manos.

Gracias

Introducción

EL PODER TRANSFORMADOR DE LA ACTITUD

Hay una razón muy clara por la cual tomaste este libro en tus manos. Quizá te sientes muy abrumado, angustiado por los problemas que tienes en casa, enojado por los pleitos eternos con tu pareja o con tu jefe en la oficina. Es posible que te sientas perdido desde que te despidieron de la chamba o desde que terminaste tu última relación amorosa. Tal vez te sientes infeliz, y aunque aparentemente todo está *en orden* en tu vida, percibes que le falta *chispa* o sentido a las cosas que haces, sientes que últimamente no te salen como quisieras y estás cansado de confiar en que todo va a estar bien *algún día* y, simplemente, ¡ese día no llega! Si sientes que hay algo que puede mejorar en tu vida, *algo* en ti que te ayude a disfrutarla más, tienes el *libro* indicado. Déjame contarte cómo me sentía yo hace unos años...

Cuatro años atrás todo se veía bastante negro para mí (bueno, no *se veía*, era yo quien lo creía así). Llevaba un rato sintiéndome fuera de sintonía, no estaba a gusto con el rumbo que tomaba mi vida. Aunque tenía un buen trabajo, *algo* me tenía inquieta, sentía que *algo* me hacía falta. Estaba segura de que no era mi relación de pareja, llevaba cinco años en un matrimonio estable que me hacía feliz. Tenía (y por fortuna sigo teniendo) buenas amistades a quienes veía con frecuencia, así que mi vida social tampoco era el problema. Con mi familia no había dificultades, por lo que aparentemente todo estaba muy bien para mí. Sin embargo, yo sentía que *algo* faltaba. Llevaba dos años intentando embarazarme y eso sí que me tenía sacudida. Pero en el fondo de mi ser estaba convencida de que esa no era la causa de mi malestar, sino más bien un reflejo de *algo* más profundo que no me tenía contenta. Empecé a tener mucho estrés en el trabajo, no hacía ejercicio, dormía poco, mi alimentación no era buena. Me sentía atorada y sabía que algo debía suceder pronto: un cambio radical en mi vida que me ayudara a encontrar el sentido, la *chispa*.

Busqué respuestas en los libros de autoayuda más inspiradores que encontré. Cada vez que pensaba en el futuro y en lo que realmente quería, ser escritora y tener un hijo, sentía mariposas en el estómago. Siempre he creído que cuando eso sucede es porque aquello en lo que pienso es lo correcto, sin embargo, me angustiaba no saber cómo conseguirlo. Los libros que leía me hacían sentido para tomar acciones concretas en mi vida, pero no sabía cuáles ni por dónde empezar. Mi esposo, un hombre con un gran sentido del humor y una salud emocional que valoro muchísimo, siempre me decía lo mismo: *Déjate de tantas cosas. Decídete, tú eliges cómo quieres estar: ¿quieres estar de buenas o de malas? ¿Quieres pasarla bien o mal? Tú eliges*. La solución que me ofrecía me sonaba superficial y muy simple, demasiado fácil para ser el camino o la solución que estaba buscando. ¿Decidir estar bien y ya? ¿Así nomás?... Y mientras él se iba a dormir tranquilo, yo seguía complicándome la existencia, y la pila de libros de autoayuda seguía creciendo en mi buró. No sabía cómo poner en práctica *el secreto* y hacerlo funcionar a mi favor, cómo poner a trabajar la *ley de la atracción* para obtener lo que quería: cómo *conectarme con el universo* para dejar de sentirme enojada; cómo soltar el control y dejar que *el universo conspirara a mi favor* para lograr embarazarme; cómo *ordenar mi vida para ordenar mi mente*, mis emociones ¡y mi clóset! Mi vida me parecía en ese momento un caos, y tenía miedo de que todos mis rollos terminaran provocándome una enfermedad.

Fue entonces cuando todo se me juntó: renuncié a mi trabajo y *perdí la brújula* por un tiempo; mi papá murió de cáncer y sentí uno de los dolores más grandes del mundo; quince días después de perder a mi padre, perdí al bebé de 15 semanas que esperaba y que tanto trabajo nos había costado lograr... Y para acabarla de amolar, dos meses después de todo eso, ¡perdí la vesícula! Tuvieron que quitármela porque estaba llena de piedritas... En ese momento me convencí de que no podía irme peor.

Sin embargo, con todo el drama, *algo* en mí seguía creyendo que Dios tenía un plan perfecto para mí, y me acerqué a gente más espiritual para platicar. Hablé con un jesuita y me convenció de que Dios siempre estaría a mi lado, pasara lo que pasara, y de que mi vida tenía sentido aun si nunca pudiera embarazarme. Me acerqué a la homeopatía y mi cuerpo comenzó a entrar en sintonía, dormía mejor, engordaba menos, me sentía más ligera. Hacer yoga me siguió animando, conquisté nuevas posturas, surgió de mí una fortaleza interior y me di cuenta de que era cuestión de darle tiempo al tiempo para que todo se acomodara. Dejé de pensar tanto en el futuro, de tener tantas expectativas, y empecé a concentrarme en gozar el presente, la realidad que sí estaba en mis manos. Encontré *pedacitos* de respuestas y poco a poco fui armando mi propio rompecabezas. Fue entonces cuando también decidí darme la oportunidad de ver las cosas de un modo diferente: dejaría de quejarme y de amargarme por todo lo que me estaba pasando, por todo lo que anhelaba y no obtenía, y emprendería la identificación y el agradecimiento de lo bueno que había en mi vida. Quise darme la oportunidad, casi a manera de experimento, de probar cambios muy concretos en mi forma de pensar y actuar de todos los días (lo que mi esposo tanto me proponía); a toda costa elegiría estar de buenas. Eso que decidí cambiar, ese *algo* que tanto buscaba, era MI ACTITUD, y fue cuando comenzó a hacerme *click* el verdadero *secreto*: la clave para una vida más plena, feliz y llena de sentido radicaba en *mi forma de aproximarme a la vida*. Literalmente, empecé a sonreírle a la vida y la vida empezó a sonreírme.

Hoy día tengo un hijo sano y hermoso que me hace disfrutar y valorar la maravilla de los días cotidianos al lado de mi esposo. Tengo un negocio que ha prosperado en los últimos dos años, que me mantiene haciendo algo que me gusta mucho (soy editora de revistas corporativas); tengo un blog donde publico las cosas que escribo y me ayuda a quitarme el miedo de que alguien más lea lo que escribo. Finalmente llegó este libro, que me abrió la puerta grande para *salir del clóset* como escritora y me permitió creer, de una vez por todas, que lo mío lo mío es escribir porque me hace muy feliz. **Nada ha dejado de fluir desde que decidí cambiar mi actitud**. Se me están dando muchas cosas; estoy en lo que llamo un *círculo de abundancia*: entre más practico **la buena actitud** ante todo lo que me pasa, crece más la bola de nieve de generosidad, alegría y tranquilidad. Hay mayor paz en mi vida y en mi corazón. Ya no vivo con ansiedad y siento que mi cuerpo está en equilibrio y lleno de energía. Lo que he deseado se me ha dado (como este primer libro), incluso lo que ignoraba que podía tener. Es más, hace poco *encontré una aguja en un pajar*: un arete de gran valor sentimental que perdí en un enorme jardín. ¿Quién realmente puede decir eso?

Cambiar tu vida está en tus manos

Tal vez pienses que tus problemas o las situaciones por las que pasas en este momento son más complejas que la historia que acabo de contarte. Quizá sientes que tú sí estás atravesando una muy mala racha que ya lleva 4, 5 o 10 años; peor, hay quienes creen que nacieron estrellados y afirman que toda su vida les ha ido mal... Es posible que estés pasando por momentos de mucha angustia, pérdidas difíciles de afrontar o una situación económica muy apretada que te causa ansiedad. O sencillamente te sientes muy enojado con la vida, irritable todo el tiempo o triste por tu *mala suerte*. O sabes que todo está bien, aparentemente tranquilo y solo sientes que quieres evolucionar a un nivel más enriquecido, disfrutar la vida con todo tu potencial, sentirte pleno y feliz. Si es así, este libro es para ti. Estoy convencida de que la clave para disfrutar más tu vida, para obtener lo que quieres, para sentirte conectado con el Universo/con Dios: es *tu actitud*. Y eso es algo que solo está en tus manos. ¿No es maravilloso?

La actitud no solo atañe a cómo enfrentas las adversidades, va más allá de eso. Puede ser que no tengas en este momento ningún problema real y simplemente sientas que a tu vida le falta sentido. ¿Te sientes aburrido o poco comprometido con tu vida? ¿Te cuesta trabajo relajarte o empezar tus proyectos y sueños más ambiciosos? Es posible que hayas tomado este libro entre tus manos porque sientes que a tu vida le falta más paz, más felicidad. Para mejorar tu vida, y en este libro te lo voy a demostrar, tienes que hacer dos cosas: 1ª, creer que puedes cambiar tu vida si cambias tu actitud; y 2ª, comenzar a cambiarla, poniéndote a trabajar en ello. Aquí voy a decirte cómo.

La actitud y tu salud
Una actitud positiva, optimista, alegre, propositiva, entusiasta —hay mil palabras para describirla, pero ya sabes a qué me refiero— es capaz de transformar tu mundo, tu salud, tu realidad, tu conexión con el universo. En los últimos 25 años, estudios médicos se han dado a la tarea de evaluar la relación entre una actitud pesimista y la salud, y se ha comprobado que quienes interpretan las adversidades como algo negativo, permanente e invasivo (los pesimistas) tienen una salud física más pobre que los optimistas (aquellos que ven

las adversidades como algo temporal, controlable y pasajero). Los pesimistas están más propensos a la depresión y a las enfermedades. Uno de estos estudios, publicado por la Clínica Mayo, demostró que la gente pesimista se siente desamparada y desesperanzada con mayor facilidad que la gente optimista; que las personas pesimistas tienen mayor riesgo de padecer enfermedades y morir antes que la gente optimista. Las razones son obvias: los pesimistas suelen ser muy pasivos, creen que nada de lo que hagan puede importar, por lo tanto suelen ser malos pacientes, no siguen las indicaciones y tratamientos médicos al pie de la letra; además, son gente que toma menos acciones preventivas, como dejar de fumar, porque no le ven el caso. *De todas formas me voy a morir*, es la clásica respuesta del pesimista. Por lo general, esta gente se deprime más rápido que la gente optimista, y la depresión, sabemos, está ligada a la mortandad. También se sabe que el sistema inmune de las personas pesimistas funciona menos adecuadamente que el de las optimistas.

Médicos y profesionales de la salud (física y mental) manifiestan enorme interés en la estrecha relación que hay entre la actitud y la salud. En 2009 se publicó un estudio en la *Revista de la Asociación Americana del Corazón* donde se afirmaba que las mujeres optimistas tienen menos riesgos de padecer problemas del corazón —30% menos riesgo de morir por alguna condición cardiaca en comparación con su contraparte—, y que el pesimismo es tan malo para la salud de este órgano como tener presión arterial alta. Las conclusiones, nuevamente, son las mismas: ante una adversidad, la gente optimista suele hacer una evaluación de la situación, la enfrenta con valentía y busca apoyo para resolver el problema, mientras que los pesimistas no acostumbran actuar así. Las mujeres más optimistas tuvieron 30% menos riesgos de morir por alguna condición cardiaca que las pesimistas. ¡Treinta por ciento!

En 1973, el doctor Ronald Grossarth-Maticek realizó un estudio para medir los sentimientos de placer y bienestar de miles de ancianos de la ciudad alemana de Heidelberg. Veintiún años después comparó las respuestas del estudio con el estado de salud de dichos pacientes. Los resultados fueron impresionantes: de las 300 personas con la puntuación más alta, hubo un índice de sobrevivencia del 30% en comparación con aquellos que obtuvieron la puntuación más baja, las 200 personas más negativas. Es decir, veintiún años después del test había vivos más optimistas que sus contrarios. El estudio sirvió para demostrar que era posible predecir con mayor exactitud la salud futura de los ancianos a partir de este test que midió las emociones y sentimientos de bienestar que con las pruebas que tradicionalmente miden factores de riesgo como el genético, el estilo de vida, la alimentación y hábitos como fumar. Esto significa que mejorar nuestra actitud puede tener más impacto en nuestra salud que dejar de fumar o perder peso.

Como estos, numerosos estudios demuestran la relación entre una actitud pesimista y la diabetes tipo 2, el sobrepeso y el consumo del cigarro. Desde el punto de vista médico no hay duda: la actitud impacta en la fisiología de las personas.

La buena noticia es que es posible cambiar de actitud, dejar el pesimismo a un lado y, por ende, mejorar la salud. Por más arraigada que esté la actitud negativa, es posible modificarla. En pocas palabras, la gente pesimista no está condenada a serlo el resto de su vida. Mucha gente cree que mejorar la salud con solo cambiar de actitud es pura fantasía, pero no es así; está plenamente comprobado que con un mínimo cambio en la actitud, en un periodo de un año, la gente puede cambiar su salud de manera sorprendente. El mismo médico alemán realizó otra prueba con 1,200 personas a quienes dividió en dos grupos; al primero, le ofreció un libro de autoayuda y seis sesiones de entrenamiento de una hora a lo largo de un año; las otras 600 no recibieron nada.

Trece años después revisó el estado de salud de estas personas y comprobó que del primer grupo 409 de las 600 seguían vivas, mientras que del otro grupo solo habían sobrevivido 97. Con esto confirmó que la actitud puede modificarse para mejorar la salud, y no solo eso, que se puede cambiar la actitud en cualquier edad, pues la edad promedio de la gente de su experimento en aquel entonces era de ¡58 años! Sin duda, nunca es tarde para mejorar tu actitud.

El poder transformador de la actitud
La salud física es, quizá, la razón principal para decidirte a mejorar tu actitud ahora. En efecto, es requisito indispensable contar con buena salud física para poder hacer las cosas que más nos gustan en la vida. Sin embargo, la salud física es el primer plano de tres que nos integran como seres humanos: el plano físico, el espiritual y el mental. Cuando comienzas a mejorar tu salud física, empieza a haber mejoría en tu salud mental y espiritual, y viceversa. Cambiar tu actitud puede llevarte a gozar la vida desde una nueva perspectiva: con mayor vitalidad, compasión, generosidad, creatividad, sabiduría, autocontrol, humor, gratitud y optimismo. Cuando logras ver el mundo desde ese lugar, también empiezas a descubrir que todo tiene un sentido, que hay una conexión entre tú y los demás, y que existe un plan divino perfectamente diseñado del que formas parte. Entonces, tu vida y todo lo que te sucede —lo bueno y lo malo— adquiere un sentido más profundo y gratificante; entras al terreno de lo espiritual. Desde esa nueva postura, la alegría, la tristeza, el enojo, el placer, tienen un significado completo y es cuando te das cuenta de que eres parte de un engranaje del Todo. Así, cada cosa fluye de manera perfecta y contribuyes a tu felicidad y al bien universal.

Obviamente, aunque cambies de actitud las adversidades seguirán presentes; es probable que tus miedos de siempre sigan ahí, acechándote, porque la actitud no los desaparece, pero sí te ayuda a convivir con ellos sin sufrimiento, a experimentar tus problemas como oportunidades y a seguir creciendo como persona, contribuyendo a tu plan divino y a conectarte con la Naturaleza, con Dios, el Tao o aquella fuerza superior en la que crees. En este sentido, la actitud es como una varita mágica:

*Si decides pasarla bien,
la vida te parecerá una fiesta.*

A partir de muchas experiencias —las propias y las de personas que he conocido—, he descubierto que *el secreto*, el verdadero secreto para fluir y disfrutar la vida, no está en desear obsesivamente las cosas que más anhelas, sino en encontrar la posición ideal, la que mejor te funciona de acuerdo con tu personalidad, y desde la cual puedas ver la vida con alegría, respondiendo sin enojo, miedo o tristeza a lo que esta te ofrece. **La actitud son los lentes que te pones para mirar al mundo**. Y ojo: una buena actitud no significa estar siempre de buenas, ser el eterno optimista o convertirte en un robot *programado para ser feliz*. Una buena actitud tiene que ver con aprender a asumir la vida con integridad, honestidad y valentía; tiene que ver con no contarse cuentos ni complicarse la existencia, y con gozar cada momento, vivir en el presente y dejar de culpar al mundo y a los demás por todo lo que te sucede. Es tomar al toro por los cuernos y disfrutar la vida sin más ni más. ¿Suena demasiado simple? Quizá porque lo es. ¿Quién dijo que todo en la vida debe ser complicado? ¿De dónde sacamos que las cosas más difíciles de conseguir son las que tienen más valor? No siempre debe ser así. La vida es sencilla si así queremos verla, y cambiar nuestra actitud no tiene por qué ser tan complicado.

Evidentemente, los cambios no se dan de la noche a la mañana. Para mejorar tu actitud habrá todo un proceso, tomará tiempo y el cambio deberá ser holístico, integral.

Tendrás que tomar acciones en el terreno físico, espiritual y mental. Aquí te hablaré de todo eso y encontrarás un plan para ponerte a trabajar en tu actitud, desde ahora. La buena actitud te ayudará a darle buena cara a las dificultades, a ver posibilidades donde antes veías problemas y a entusiasmarte con el mundo a pesar de sus sinsabores. Sobre todo, te ayudará a entender lo mágico de la vida, la conexión que hay entre todos, y a encontrar la paz que tanto necesitas. La transformación se irá dando en todos los niveles y empezarás a sentirte sorprendido por momentos de inspiración, de revelación y profundo goce. Te sentirás más vivo, más conectado con tu verdadero *yo*, confiado en que estás en el camino correcto, y sentirás que la energía fluye y que eres más vital que nunca. Es posible que dejes de sentirte intimidado, que aprendas a relajarte y a ver realizados tus sueños. Y entre más elijas pensamientos y actitudes positivas/constructivas, más grande se hará la bola de nieve, el círculo de abundancia, y te sentirás contento, completo e integrado. Continúa leyendo. Cambiar de actitud y comenzar a transformar tu vida está en tus manos.

Cynthia Leppäniemi

1

¿Cuál es tu actitud?
(o cómo dejar de pensar que los demás son unos tontos, menos tú)

Si algo no te gusta, cámbialo. Si no puedes hacerlo, cambia tu actitud. No te quejes.
—Maya Angelou

1. Reconoce tu actitud actual

Empecemos por lo más básico. Primero, voy a pedirte que seas muy pero muy honesto mientras recorres estas páginas, pues a partir de ahora todo lo que *digamos* aquí quedará solamente entre tú y yo... Mejor dicho, quedará entre tú y estas páginas porque ojalá yo pudiera escucharte a través del papel o echarme un cafecito contigo cada vez que abres el libro. Así que nadie se va a enterar de tus verdaderos pensamientos y sentimientos, ni de las reflexiones que vayas haciendo, por eso mi única petición es que leas y reflexiones con total honestidad.

El punto es: ¿sabes (y aceptas) cómo eres realmente? ¿Estás consciente de la actitud que tienes ante la vida? ¿Tienes la sensación de que el alma de un ogro se apoderó de ti, de que te has convertido en la mujer más histérica del planeta o en el hombre más enojón del universo? ¿O sientes que eres un mueble más de tu casa; no hablas, no opinas, todo te da igual? La mayoría de las personas no sabe cuál es su actitud porque ni siquiera se da cuenta de su estado de ánimo. Si te preguntaran en este momento: ¿tienes una actitud optimista? Seguramente dirías que sí, a la primera..., pero en tus actos, en las cosas que haces y dices, se refleja tu verdadera actitud.

La actitud es la posición que tomamos frente a la vida. Es cómo respondemos ante lo que nos sucede diariamente.

Pon atención y escucha a la gente que te rodea: muchos se quejan de lo que les pasa como si fueran invisibles y no pudieran hacer nada al respecto; otros pasan el día vociferando lo idiotas que somos los demás (menos ellos), *lo mal que está el mundo/la gente* (no han de ser humanos, ¿alguien sabe qué son?); otros afirman que nadie los entiende. Tengo una vecina que le gritonea a todo mundo —a mí ya me tocó— porque cree que nadie sabe hacer bien las cosas, solo ella, y afirma que no necesita la ayuda de nadie (por lo tanto, obvio, está más sola que un calcetín). La mayoría de las personas con mala actitud, o con síntomas de mala actitud, no se da cuenta precisamente de eso: de que su conducta es pésima. A veces, esta es la gente más *peligrosa* porque tienen tantas capas protectoras encima que no hay cómo llegarles al corazón y, por lo tanto, nunca se sabe en qué están pensando o qué puedes esperar de ellos si les echas una flor o tratas de ayudarles. Es más, ni ellos saben cómo son. Seguro conoces a alguien así, alguien muy voluble que puede estar de buen humor y en dos patadas ¡bum!, muy enojado. Pero como este libro no se trata de los demás sino de ti, vamos a seguirle rascando a tu actitud. Acaso, de pura casualidad, ¿te sentiste identificado con la descripción anterior? ¿Resonaron algunas frases en tu corazón? Piénsalo, (recuerda, nadie más te está oyendo...) mmm, si tal vez eres una de *esas* personas que acabo de describir, lo que he dicho no te hace *click* y estás buscando a quién conoces que sea así, pues sería muy doloroso pensar siquiera que tú podrías ser así. A nadie le gusta considerar ni por un minuto que podemos ser la persona más resentida, amargada o nefasta del planeta. Todos queremos ser los más lindos, amables, agradables...

Recuerdo que en mi época de amargada siempre que hablaba por teléfono con una amiga ella me decía que me quejaba mucho, pero yo no estaba de acuerdo. *¡Ay, Cynthia!, ya deja de quejarte de que tienes mucho trabajo; ya quisieran otros tener chamba.* Después me percaté de que me lo decía muy seguido, y eso como que ya no me gustó. *No me estoy quejando*, pensaba yo, *¿o sí?* Empecé a poner atención y noté que, en efecto, siempre hablaba solamente de mis quejas y de lo agobiada que me sentía por todo. La última vez que volvió a decírmelo me cayó el veinte de que tenía razón: me había convertido, sin querer, en una de esas amigas quejumbrosas que dan flojera. ¡Qué horror! Uno: pensé que Claudia ya no iba a querer llamarme otra vez por teléfono; y dos: en efecto, tuve que aceptar que en mis conversaciones había cero agradecimiento y optimismo, y eso me molestó más que mis propios problemas. Decidí que ni Claudia (ni nadie más) volvería a escucharme así. Ni yo. ¿Quién quiere cultivar la amistad de alguien que se queja todo el tiempo? ¿Quién quiere ser un *gemebundo*? (¿no está buenísima esta palabra? La encontré en el diccionario de sinónimos...) Si Claudia no me lo hubiera hecho ver, es posible que yo siguiera siendo *Cynthia la gemebunda*, y la verdad, ¡qué flojera! Y es que la actitud es, sencillamente, una cuestión de hábito, del mismo modo como lo es una postura a la que nos habituamos porque la ponemos en práctica todos los días, como en piloto automático, sin cuestionarnos si está bien o no. Solo cuando nos duele la espalda nos damos cuenta de esa mala postura, nos hacemos conscientes, y es cuando podemos cambiarla mediante nuevos hábitos. En este sentido, cambiar de actitud puede ser fácil; lo difícil es aceptar cómo somos y empezar a mejorar nuestros hábitos. De esto último hablaremos más adelante. Por ahora vamos a dedicar las próximas páginas a seguir explorando qué actitud tienes.

Hagamos el Ejercicio 1
Cierra los ojos e imagina que estás en medio del tráfico. Te urge llegar a la oficina porque tienes una junta y *te amenazaron* con empezar sin ti. El de enfrente viene manejando bastante mal pero hasta eso lo has soportado con mucha paciencia. Te toca la luz verde y no puedes avanzar por el embotellamiento; de repente, al de atrás se le ocurre tocar el claxon como energúmeno.
1) ¿Cómo te sentirías?
2) ¿Cómo reaccionarías?
3) ¿Cuál crees que sería la mejor respuesta?
   Piénsala, pero no mucho. Aquí te espero...

- ¿Cuáles fueron tus respuestas? Si te fijas, la primera pregunta tiene que ver con **tus emociones**, los sentimientos que te provocaría la situación; te sentirías ofendido, enojado, triste, indiferente...
- La segunda pregunta tiene que ver con **tu forma de reaccionar**. La reacción, por definición, es una respuesta inmediata y por lo tanto nunca la pensamos. ¿Crees que reaccionarías mentándole la madre al de atrás, le subirías el volumen al radio para ignorarlo, o te pondrías a gritar o a llorar del coraje? Es decir, a partir de la emoción que te provocó, ¿cómo responderías a dicho estímulo?
- Finalmente, te pregunté qué pensarías después de haberte enojado y haberle mentado la madre al de atrás, si es que lo hiciste. O sea, a qué posible reflexión te llevaría lo que pasó. Esta pregunta tiene que ver con tus creencias, **tus pensamientos** que justifican tus acciones. Por ejemplo, si reaccionaste aventándole groserías

al de atrás, ¿consideras que haberlo hecho estuvo mal porque *el que se enoja pierde*? ¿O pensarías que estuvo bien porque *no ibas a dejarte ningunear*? O tal vez te sentiste pésimo y muy culpable porque no sabes si el de atrás tenía más preocupaciones que tú o le urgía llegar al doctor...

Como ves, toda actitud tiene un elemento emocional (lo que sientes), un elemento de acción (cómo reaccionas) y uno intelectual (lo que piensas sobre lo que sientes y haces). En el ejemplo anterior, si reaccionaste con ira es porque tu forma de ver la vida está ligada con la emoción de enojo que habita poderosamente en tu corazón y en tu mente. Actúas desde tu enojo y ese enfado justifica tu actitud. El aspecto intelectual de tu actitud son los pensamientos (positivos o negativos) que justifican tu sentir y tus reacciones (*nadie me respeta*: pensamiento negativo hacia ti porque crees que no vales nada; o *el pobre de atrás ha de estar en apuros*: pensamiento positivo porque eres comprensivo con los demás y no piensas que el mundo está en tu contra). Si el enojo domina en ti es posible que acostumbres responder a las situaciones de estrés con mucha ira y resentimiento. Si por el contrario tu respuesta fue una reacción tranquila, es porque tu actitud y tus pensamientos están ligados a tu paz interior. Estás tranquilo y nada, ni el salvaje de atrás, puede alterarte. Este es el aspecto emocional de tu actitud, de lo cual hablaremos más adelante.

 La historia de Javier "El Quejumbroso"

Javier es de esas personas que siempre se están quejando de todo y creen que el mundo está en su contra. A sus 38 años ya estaba divorciado (hablaba pestes del matrimonio) y trabajaba en la octava empresa desde que salió de la universidad (lo corrieron de las otras siete, según él por-

que no lo han valorado *en ningún lado)*. *Cada vez que conoce nuevas personas, las cuestiona sobre sus empleos y acompaña su conversación con críticas agudas. No sabe escuchar y su actitud es la de alguien que parece no estar interesado en aprender de los demás. Es el clásico sujeto que nunca pregunta: ¿Cómo estás tú? Por supuesto, la gente que lo conoce por primera vez no tiene ganas de volver a verlo. El día que Adrián, su mejor amigo, le presentó a Susana, su novia, Javier empezó a hacerle preguntas incómodas sobre su trabajo: qué hacía, por qué la contrataron, cuánto le pagaban. Entre más le contaba Susana lo bien que le iba, Javier parecía más enojado.*

—Seguramente te pagan muy bien porque eres una chava fresa que estudió en una universidad privada y por eso te ofrecieron ese sueldo de entrada. Te aseguro que no a todo el mundo le va igual— le decía.

Comenzaba a quejarse porque no creía justo que algunos ganaran más que él.

—Y no me refiero a ti, Susana, sino a los demás —comentaba.

Sin darse cuenta, Javier fue muy hostil, por lo que Adrián habló con él al final de la fiesta, pero Javier no captó lo que le querían decir y más bien se sintió muy ofendido. Se negó a darle a su amigo el beneficio de la duda, no pudo reconocer que había actuado mal. Se fue de la fiesta y nunca volvió a buscar a Adrián. Prefirió terminar con su amistad.

Otra manera de darte cuenta cuál es tu actitud es haciéndote estas preguntas: en general, ¿cómo te sientes a lo largo del día? ¿Enojado, harto, incomprendido, frustrado, cansado, estresado? ¿Sientes que se te va el día entero discutiendo con todo el mundo? ¿Te están saliendo las cosas como querías? Sin duda, es muy difícil reconocer cuando uno está equivocado, pero si las cosas no están fluyendo en tu vida es probable que quien tiene que cambiar eres tú, no los demás.

Plantearte la posibilidad de que hay algo en ti que puedes mejorar es empezar a tener una mejor actitud.

Ejercicio 2
Hazte estas preguntas:

1. Para tomar una decisión, ¿te basas en los aspectos positivos o en los negativos del tema en cuestión?
2. ¿Eres de los que busca el lado positivo a los problemas o solo tratas de salir de ellos y olvidarlos rápidamente?
3. ¿Antes de empezar un nuevo proyecto piensas que te irá bien, que a lo mejor te irá mal o simplemente crees que no puedes predecirlo?
4. ¿Estás convencido de que en tu futuro habrá siempre muchos problemas?
5. Cuando sientes que todo está saliendo muy bien en tu vida, ¿temes que esa suerte termine pronto?
6. ¿Consideras que el mundo es un buen lugar para vivir?
7. ¿Confías en las personas?
8. ¿Prefieres no involucrarte demasiado en una relación porque tarde o temprano va a terminar?
9. ¿Consideras que tu vida ha tenido más dificultades que satisfacciones?
10. ¿Eres de los que prefiere no esperar nada de nadie para evitar desilusiones?
11. ¿Tienes muchos planes para el futuro? ¿Solo uno o dos? ¿Ninguno?
12. Cuando estás a punto de lograr algo, ¿siempre pasa algo malo?

Analiza tus respuestas. En un acto de contrición, aquí, en la intimidad de estas páginas, sé honesto y pregúntate: ¿cuántas veces has pensado que sería bueno que no fueras tan negativo, tan injusto/ ingrato/____? ¿Cuántas veces te has dado cuenta de que tienes pensamientos que no te aportan nada, que no te permiten crecer y que te gustaría cambiar por otros más positivos? Todos, en el fondo de nuestro ser, advertimos cuando algo no anda bien en nosotros y sabemos que no nos caería nada mal cambiar un poquito nuestra actitud. Lo difícil es ponerle una etiqueta (de víctima, de desesperanza, derrotista, de apatía, de desconfianza, poco realista, pesimista...) y ver con claridad cómo somos y cómo le estamos respondiendo al mundo, pero reconocerlo será el primer paso para empezar a fluir y a recibir del mundo todo lo bueno que estás esperando. Tu actitud puede estar entorpeciendo tu visión de la realidad. El mundo es como lo quieras ver, y la vida puede ser maravillosa si así decides verla.

2. Descubre qué emociones dominan tu actitud

No vemos las cosas tal como son, sino tal como somos.
—Anaïs Nin

Hay tantos tipos de actitud como gente en el planeta, pero básicamente las catalogaremos en actitudes positivas/constructivas (que te ayudan a transformarte y crecer) o negativas (que no te aportan, poco constructivas y que no te impulsan a ir a donde quieres llegar). Tu forma de ver la vida y cómo reaccionas a lo que te sucede —tu actitud— depende de tu *estilo emocional*.* Todos tenemos rasgos emocionales que nos caracterizan y siempre están listos para activar un estado anímico específico ante una situación determinada.

---

*El *estilo emocional* es un concepto del neurocientífico Richard J. Davidson, según lo explica en su libro *The Emotional Life of Your Brain* (La vida emocional de tu cerebro).

De acuerdo con tus experiencias previas, tu carácter y tu pasado, predomina en ti una de las seis emociones básicas: miedo, tristeza, enojo, amor, paz y alegría. El estilo emocional es eso: la forma como siempre respondes a lo que te sucede a partir de una de estas emociones. Es el estilo de actitud que eliges, inconscientemente, para verte a ti, a los demás y al mundo.

Jude Bijou, terapeuta estadounidense, afirma que esta predisposición emocional tiene que ver con lo que hemos ido aprendiendo desde pequeños, por eso nos inclinamos más por unas emociones que por otras; todos sentimos todas, pero siempre algunas nos dominan más. Hay gente que reacciona a las adversidades desde *el miedo*, no expresa sus emociones, exagera o minimiza las situaciones, duda excesivamente, se procrastina, o se comporta de forma obsesiva y trata de controlar o manipular todo y a todos; otras personas reaccionan desde *el enojo*, culpan al mundo entero por lo que les pasa, se comparan con otros, esperan siempre lo peor, etiquetan a la gente de manera negativa o son sarcásticos y cínicos en sus comentarios. Hay gente que responde a los problemas desde *la tristeza*, piensan y hablan poco de sí mismos, sienten que no valen suficiente, complacen a los demás a cualquier precio, buscan validación y reconocimiento, son perfeccionistas o evitan las confrontaciones y les gusta sentirse víctimas. Estos son ejemplos de actitudes **destructivas** porque se originan a partir de las emociones del miedo, el enojo y la tristeza. Si aprendiéramos a responderle frecuentemente a la vida desde el amor, la alegría y la paz, predominarían en nosotros las actitudes **constructivas** y, por lo tanto, tendríamos un mayor crecimiento como personas. Por supuesto, ninguna emoción es más válida que otra y todos tenemos una mezcla de ellas. Por eso es tan importante conocerte bien y darte la oportunidad de entender de dónde viene tu actitud, sin ser muy duro contigo mismo. Solo así podrás comprender por qué te sientes alegre, triste, enojado o temeroso ante las cosas que te suceden. Entonces, vamos a empezar por identificar cuál es tu estilo emocional.

Ejercicio 3
¿Cuáles de estas frases pronuncias o piensas con frecuencia? ¿Con cuáles te identificas? Marca el renglón incluso si solo te identificas con una de ellas.

1. *Pobre de mí / No puedo hacer nada al respecto… / Esto es más fuerte que yo* ☐

2. *Debí haberlo hecho mejor / Soy patético / Me odio cuando cometo errores / ¡Qué estúpido soy!* ☐

3. *Soy malísimo / No soy lo suficientemente ___ (valioso, inteligente, bueno…) / ¿A quién le va a importar lo que yo haga/diga/piense?* ☐

4. *¿Sí me quieres? / Necesito que me digas si esto está bien / Hago lo que sea para que te sientas feliz* ☐

5. *Me haces enojar mucho / Tú (los demás) eres (son) el problema / ¿Qué tienen los demás que yo no tengo?* ☐

6. *Deberías cambiar, ser diferente / No creo nada de lo que dices / Esto no es así, hay que hacerlo así…* ☐

7. *Yo creo… yo pienso, a mí me gusta esto (yo, yo, yo) / Hay que hacerlo como yo pienso, si no, no le entro / Soy muy especial* ☐

8. *No sé, no estoy seguro / No importa, no es importante* ☐

9. *Siempre me pasa lo mismo / Nada me sale / Nada funciona* ☐

10. *Lo tengo que hacer yo, si no, no va a quedar bien / Todo está fuera de control / todos están mal / Tengo que encargarme de esto* ☐

Obvio, me refiero a cuántas de estas frases usas en tu conversación, contigo y con los demás. Es decir, se vale que *a veces* te digas *¡qué mal me quedó esto!*, pero de eso a que te lo digas todo el tiempo hay una gran diferencia, ¿no crees? Recuerda el poder que tienen las palabras y los pensamientos, y si te repites mucho que no vales la pena, que el mundo está en tu contra, terminarás por creerlo y sentirte de esa manera.

Si la mayoría de tus respuestas estuvieron en los cuatro primeros renglones, es posible que tu actitud esté relacionada con una baja autoestima y sentimientos de ***tristeza***. Tal vez eres de los que siempre se fijan en lo mal que haces las cosas. Te sientes víctima de las circunstancias, de los demás, de lo que te pasa y te crees incapaz de tomar tus propias decisiones. Te criticas todo el tiempo y eres muy pasivo. Te crees menos que los demás, te sientes inadecuado o crees que no mereces ser amado y reconocido. Escúchate y fíjate en el tipo de comentarios que haces sobre ti mismo: probablemente sueles hablar de ti de una forma muy pobre. Quizá te sientes desconectado de tu verdadero *yo* o no sabes bien quién eres... Te sientes inseguro, necesitado y dependes de la aprobación de los demás.

Los renglones 5, 6 y 7 corresponden a la actitud de personas que reaccionan ante la vida enfocándose en los demás, en lo externo (tienen poca o nula capacidad de introspección). Si tus respuestas abundaron aquí, es probable que seas de los que les gusta culpar a otros por todo, para ridiculizarlos o justificar tus propios errores. Aunque no lo creas, este tipo de actitud denota inseguridad porque te comparas todo el tiempo con los demás y por eso te sientes más seguro fijándote en los defectos ajenos para no tener que ver los tuyos. ¿Te sientes frustrado, te desesperas fácilmente, eres demasiado intolerante? Tal vez con frecuencia te sientes decepcionado de la vida debido a que tus expectativas suelen ser irreales. Opinas demasiado sobre la vida de los demás, eres egoísta, necio, arrogante, no sabes escuchar y tus opiniones son muy rígidas. Si actúas como si fueras el más importante, tu actitud está totalmente ligada al **enojo**.

Los últimos renglones (8, 9 y 10) corresponden a la actitud de la gente que siempre está pensando en el pasado o el futuro. Si predominaron aquí tus respuestas, es probable que seas de los que no saben vivir en el presente. Dramatizas, te sientes rebasado, indeciso, confundido, impaciente, ansioso y muy preocupado. Tiendes a generalizar, a sacar conclusiones precipitadas y dudas demasiado. Quizá notes que estás habituado a dejar todo para después, te cuesta mucho trabajo tomar acción y eres muy indeciso. ¿Te sientes eternamente en conflicto y confundido? ¿Eres muy controlador o manipulador? ¿Te has dado cuenta de que eres demasiado obsesivo y quieres tener todo perfectamente planeado? Tu actitud puede estar ligada al **miedo**.

Analiza tus respuestas e identifica qué emoción es la constante en tu vida. Considera la posibilidad de empezar a cambiar tus pensamientos. Valdrá la pena hacerlo si quieres comenzar a sentirte más pleno y con más control de tu vida.

En resumen, tu actitud, el cómo respondes a la vida, es resultado de lo que sientes y de lo que piensas. Solo hay que tener cuidado porque lo que crees puede afectar lo que sientes, y viceversa. Por ejemplo, que sientas enojo no justifica pensar que está bien ser violento, o creer que la gente es idiota no justifica sentirte enojado, frustrado o decepcionado con el mundo entero. Tus emociones son responsabilidad tuya, recuérdalo, y si algo o alguien te hacen sentir mucho enojo o tristeza, eso no significa que esté bien tener una actitud de desprecio o desconfianza. Por el contrario, pregúntate por qué te enojas o entristeces ante eso y trata de ver si es posible sentirte mejor al respecto. Cuando empieces a analizar tus emociones estarás más dispuesto a mejorar tu actitud.

Actitud: ***ni*** **buena** ***ni*** **mala**

Como ya dijimos, ni buenas ni malas, sino actitudes ***constructivas*** (o positivas) porque están directamente ligadas con la alegría y el amor: la actitud proactiva, esperanzadora, optimista, participativa, compasiva, caritativa, amorosa, etcétera, y las que podríamos llamar ***destructivas*** (o negativas) porque están ligadas al miedo, el enojo y la tristeza, que resultan en sentirte víctima, tener apatía, desconfianza, actitud pasiva, ser dependiente, intolerante, el egoísmo, la actitud controladora... Para referirnos a unas y a otras, diremos que son actitudes negativas y positivas, haciendo alusión a si te permiten crecer o, por el contrario, te estancan más. Pero quiero dejar bien en claro dos cosas: primero, que actitud y emoción no son lo mismo. Puedes sentir mucho miedo ante una situación de peligro y aun así, tu actitud (la forma en que reaccionas) es valiente y optimista pues, con todo y tu miedo, enfrentas la situación con coraje y actúas con seguridad porque confías en que todo va a estar bien. Si por el contrario, reaccionaras a tu miedo con más miedo, si te quedas paralizado sin hacer nada, esperando a que alguien más venga a rescatarte, tu actitud sería negativa; lo negativo no es sentir el miedo, sino cómo reaccionas ante él. ¿Ves? No es lo mismo qué sientes a cómo reaccionas. Por lo tanto, como segundo punto, hay que aclarar que sentir miedo, tristeza o enojo no es algo negativo sino muy válido. Son emociones tan naturales y tan necesarias como la alegría, el amor y la paz. De todas las emociones aprendemos algo. Lo que resultaría *negativo* o poco constructivo sería responderle a la vida con una actitud de miedo (paralizándote), tristeza (sintiéndote víctima o pensando que no vales nada) o enojo (culpando al mundo entero), porque cuando así sucede no puede haber crecimiento en ti. Y sin crecimiento, sin evolución, no podrás llegar a tu destino.

Por lo tanto, no hace falta describir demasiado a una persona con mala actitud o a una con la mejor actitud del mundo para distinguir y aceptar cuál forma de ver la vida es más constructiva y beneficiosa. La gente con buena actitud tiene cualidades que todos podemos identificar. Sin embargo, es posible que la mayoría *caigamos* en medio de los dos extremos: tal vez no eres el más nefasto del planeta, pero seguramente hay una o dos actitudes tuyas nada constructivas que surgen cada vez que te enfrentas a cierto tipo de problemas. Por ejemplo, es posible que tengas pensamientos positivos al iniciar un proyecto, pero cuando tienes una discusión con alguien eres muy negativo y duro con tus comentarios. Puede decirse que eres optimista en relación con tu futuro, pero en cuanto a los demás tienes una actitud egoísta muy negativa. Como ves, la actitud es un abanico de colores, no hay blanco o negro, y puedes tener un poco de aquí y de allá. Obvio, es más saludable que predomine una buena actitud, ¿no crees?

3. ¿Existe la actitud ideal? Cómo ser *tu mejor tú*

Ser lo que somos y convertirnos en lo que somos capaces de ser, es la única finalidad de la vida.

—Robert Louis Stevenson

Posiblemente te estás dando cuenta de cuál es realmente tu actitud y estás dispuesto a considerar la posibilidad de ponerte a trabajar para mejorarla (espero). Si te preguntas: *¿Cómo quiero ser ahora?*, déjame decirte que solo tú sabes la respuesta. El *debería* no existe en este libro, nadie *debería* ser de tal o cual manera. Tampoco te he dicho (ni espero que lo hayas interpretado así) que solo siendo optimista todo el tiempo podrás ser feliz. ¡Por favor, no te conviertas en una especie de robot programado para la felicidad! La dicha y la buena actitud no son algo que pueda forzarse. Todas las personas que conoces (ojalá sean muchas) que tienen siempre una buena actitud, una sonrisa para los demás y pensamientos positivos, seguramente son así por dos razones: o fingen la felicidad que no sienten, o en verdad son personas con la habilidad de mantenerse en un estado de ánimo optimista, que no es lo mismo que reírse o sentir alegría todo el tiempo, mucho menos en situaciones adversas. Solía sospechar de este tipo de gente, de los eternos optimistas. No podía creer que alguien estuviera siempre de buenas o con una actitud agradable, optimista permanente, y supiera tener siempre conversaciones cordiales, entusiastas. En realidad, mi desconfianza se debía a que ignoraba que es posible tener una buena actitud aun en medio de las tempestades y de cosas que nos molestan, y también porque en el fondo yo envidiaba ser como los que son así. Decidí aprender de ellos, en lugar de criticarlos, y ahora no solo creo que este tipo de gente me alimenta mucho, sino que me encanta rodearme de personas así.

Como dije antes, se vale sentir tristeza, enojo o temor. Una de las ideas centrales de este libro es dejar claro que no es posible ni deseable *programarse* para ser y reaccionar de manera alegre y optimista el cien por ciento de las veces. Experimentar todas nuestras emociones es importante para el crecimiento. La clave es no estancarse en las emociones negativas ni reaccionar siempre desde ellas. Aunque ambos escenarios son válidos, el punto central es: ¿desde dónde crees que es más saludable para ti responderle a la vida? De nuevo, tú eliges.

Por lo tanto, no pretendas ser o sentirte feliz todo el tiempo, tener todas las respuestas y ser una persona sin miedos, que no se enoja o no siente tristeza. Aprende a reconocer cómo eres para ser más comprensivo contigo mismo. En lugar de decirte: *Otra vez actué con enojo, soy un idiota*, aprende a decirte *Otra vez me enojé, ni hablar, voy a intentar ser menos enojón la próxima vez*. Aquí vamos a dejar muy claro, por si aún no lo hemos logrado, que este no es el libro de la asociación de los optimistas (ya han de tener su propio libro), que no se trata de negar las emociones *poco constructivas o negativas* y ser siempre felices, optimistas, controlados. En ese sentido, no existe como tal la actitud ideal, sino la forma de aproximarte a la vida que mejor te conviene y te hace bien. Cada quien sabe cómo ser la mejor versión de sí mismo, qué le va mejor para responder ante la vida y sentirse satisfecho al respecto. Todos sabemos, porque lo hemos notado, en cuál estado de ánimo funcionamos mejor y nos sentimos felices. Piensa con honestidad cuál es tu actitud actual y reconoce que vivir peleándote con el mundo entero no solo lastima a los demás, sino también te hace daño porque no te permite crecer ni sentirte feliz con tu vida.

Evidentemente, de acuerdo con el sentido común, siempre será mejor para todos responder a la vida desde una posición más optimista, serena, confiada y respetuosa. La actitud ideal para cada quien parte de la *autoaceptación* y de recurrir a emociones y pensamientos más constructivos. Para Jude Bijou, la actitud más deseable es, de cierta forma, una verdad universal, una afirmación holística, integral, que late en tu corazón y que se respira en cada aliento: amor, paz y felicidad. Esta actitud universalmente *buena* es aquella en la que disfrutas ser quien eres, en la que honras todo lo que eres y lo que te hace ser único; en la que amas y aceptas a los demás y a la vida, a las situaciones que se te presentan; una actitud en la que sabes gozar el presente, vivir el momento y enfocarte en el ahora. Por lo tanto, si aprendes a dominar tus emociones de miedo, enojo y tristeza, asimilándolas y modificándolas por pensamientos y actitudes de amor, paz y felicidad, lograrás una actitud universalmente buena para ti.

¿La forma? Hay muchas, muchos estilos, pero el fondo es el mismo. Así que para ponerlo en palabras más simples: elige sentirte mejor y elige hacer sentir bien a los demás. Elige quererte y amar a los otros, será en tu propio beneficio. Solo los tontos prefieren el odio por encima del amor, la inflexibilidad por encima de la aceptación, el resentimiento por encima de la generosidad. En resumen, decide crecer y adoptar una actitud más favorable para ti y para los que te rodean. En el fondo tú ya sabes qué hacer para sentirte mejor. Y cuando lo hagas, *my friend*, te estarás acercando a la mejor versión de ti mismo.

2

Hoy voy a cambiar...
Cambia el chip: cuestión de actitud (y mucha voluntad)

La vida es cambio. El crecimiento es opcional.
Elige con sabiduría.

—Karen Kaiser Clark

1. La importancia del cambio

Cambiar nos hace crecer; evidentemente, hablo del cambio cuando es para bien, no cuando decides dejar de ser buena onda con los demás porque juras que siempre te ven la cara. Querer cambiar tiene que ver con reconocer que algo en ti puede estar mejor. Cuando cambias, evolucionas; y según el diccionario, la evolución es mudarse de conducta, propósito o actitud, y pasar de un estado a otro. Por eso, cuando cambiamos nos transformamos y con ello se enriquece nuestro ser.

No soy ninguna gurú de la felicidad, ni adivina para decirte qué debes hacer en tu caso para ser feliz, pero estoy convencida de que los cambios siempre son para bien, y cuando los asimilamos con buena actitud nos muestran que llegan, la mayoría de las veces, para hacernos un poquito más felices, aunque al principio algunos nos hayan parecido desfavorables o nos llenaran de incertidumbre. A pesar de que los cambios lleguen inesperadamente y tengamos que adaptarnos a ellos, o voluntariamente decidamos modificar nuestra actitud, lo cierto es que cambiar nos permite fluir, no quedarnos estáticos ni siempre iguales. Lo primero es creer que se puede cambiar. Sé que la filosofía del *créelo, tú puedes* está muy desgastada y tal vez llegue a sonarte *barata*..., pero aquí entre nos, por lo que he aprendido, creo que es bastante cierta. Si crees que puedes, puedes y punto. Los científicos, los psicólogos y todos los famosos *expertos* en el tema de la felicidad, del desarrollo personal y la autoestima, coinciden en ello, y en que los cambios son favorables si tu actitud mental es la correcta.

Cambiar tu actitud no es una cuestión de magia, obviamente. Requiere paciencia, trabajo, compromiso, madurez y mucha inteligencia. Sobre todo, necesitas conocer y entender tus sentimientos, de dónde provienen, y cómo justifican tus pensamientos y la forma como actúas ante la vida. Sin embargo, el proceso no debe ser desalentador; por el contrario, puede ser tan interesante y divertido como decidas verlo. Mucho de lo que aquí hablaremos es puro sentido común y consejos de los expertos. Ya lo verás...

La historia de María

María ha sufrido varios desengaños en sus relaciones, por lo que está convencida de que no debe de confiar en nadie. Está segura de que no puede cambiar su forma de pensar y, de hecho, le choca que le insistan en que debe aprender a confiar en los demás. Cuando le llama a su novio al celular, si él no le contesta de inmediato, comienza a inventarse mil historias (que la está engañando, que se le está escondiendo o de plano que le pasó algo muy malo). Para cuando Roberto le regresa la llamada, María está histérica y ya se visualizó en un futuro desalentador. Ella se aferra a su pasado y futurea para confirmar sus emociones de desconfianza. Su ansiedad y su rigidez la hacen comportarse obsesivamente y querer controlar todo. Claro que ella no lo ve de esa forma. Está convencida de que su actitud es normal y justificada: Así me hicieron los demás, *afirma.* Lo que no ve es que con esa actitud ella misma se ubica como víctima al dejar el control de su vida en manos de quienes le hicieron daño (aunque jure lo contrario). Necesita hacer un trabajo de introspección para reconocer que actúa desde el miedo, no desde la seguridad que pretende aparentar. Necesita entender que, aunque nunca podrá asegurarse de que nadie volverá a engañarla, sí puede confiar en los demás y en ella misma y, sobre todo, en su capacidad para superar la decepción y recuperarse del dolor. ¿Qué pasaría si reconociera sus verdaderas emociones y pensamientos destructivos? Quizá no dejaría de sentirse temerosa, pero ya no se inventaría cuentos cada vez que Roberto no le contesta el teléfono. Disminuiría su ansiedad, aprendería a esperar y a confiar, y dejaría de sufrir gratuitamente por algo que no está pasando.

Cuando no tenemos la capacidad de autoreconocernos, es difícil ver lo que está mal en nuestro comportamiento; por lo tanto, ignoramos que podemos cambiarlo.
Para transformar nuestra actitud necesitamos conocernos bien y estar dispuestos a cambiar.

Fluye como la naturaleza
Alguna vez vi un póster donde aparecía un niño de unos ocho años, lleno de lodo y con un bat de béisbol en la mano, parado frente a una ventana cuyo vidrio evidentemente había roto. El póster decía más o menos así: *Por favor, tenme paciencia. Dios no ha terminado conmigo.* Esto me hizo pensar que, en efecto, ningún ser humano es una pieza *terminada.* Todos somos como trozos de plastilina que se van moldeando y solo dejaremos de cambiar el día que termine

nuestra vida. ¡Qué fortuna!, ¿no? Todos tenemos la capacidad de adaptarnos y evolucionar. Por supuesto, hay quienes no quieren hacerlo, quienes se resisten al cambio, y precisamente son ellos los que más sufren.

Lao-Tse, uno de los filósofos más importantes de la tradición china y fundador del taoísmo, decía que el Tao (o Camino) era el cambio permanente. Para él, el cambio era una verdad universal, algo irrefutable que no podemos detener. Incluso si tú no quieres cambiar, muchas cosas en ti se están modificando porque eres parte de la naturaleza. Igual que las montañas cambian con la erosión, tu cuerpo, tus células y tu mente cambian. La vida es un constante flujo y oponernos a él es absurdo: la corriente terminará por arrastrarte. La fuerza de la naturaleza y el impulso de movimiento que hay en todo lo que te rodea son inevitables. Si te resistes, sufres, pero cuando fluyes la vida se ve mejor. Lao-Tse veía que la naturaleza era sabia porque se adaptaba a los cambios de las estaciones. Observa más la naturaleza y aprende a escuchar tu intuición, solo así podrás responder con flexibilidad ante las oportunidades de crecimiento.

Haz cambios pequeños

No siempre es fácil dar el primer paso para cambiar y, en efecto, yo misma reconozco, mientras escribo estas líneas, que no es sencillo dejar de pensar o hacer las cosas como lo hemos hecho siempre. Mucho menos cuando nos dicen que estamos mal. Pero considera que un cambio de actitud no significa una transformación radical de tu forma de ser, ni convertirte en otra persona. Los cambios verdaderos se dan de manera gradual, poco a poco y de raíz, no por encimita, porque los vamos integrando sutilmente a nuestra cabeza y a nuestro corazón. Es algo así como reprogramarnos a fuego lento. Si nunca has sido una persona optimista, difícilmente podrás serlo de la noche a la mañana, pero si empiezas a hacer pequeñas cosas para ser más positivo cada día, poco a poco esos pequeños cambios te irán transformando y, al cabo del tiempo, notarás una evolución en tu actitud.

El hombre es tan feliz como piensa que es.

—Proverbio francés

Los cambios nos llevan siempre a una nueva dirección. Permítete descubrir nuevos rumbos, incluso en los cambios más pequeños. Puedes seguir en la misma ciudad, con el mismo trabajo, los mismos amigos, y aun así puedes cambiar muchas cosas dentro de ti. Si cambias tu manera de ver la vida, sentirás que lo de afuera también cambia, aunque en realidad siga igual. Si decides cambiar tu actitud, tus acciones te llevarán a una nueva dirección, más enfocada hacia tus sueños y anhelos. Eso te mantendrá siempre motivado y de buen humor; serás capaz de ver el mundo con nuevos ojos. Si te mantienes estático, si decides no cambiar, permanecerás como un espectador. Es asombroso ver gente que no aprende de sus experiencias y se pega una y mil veces contra la misma pared; son los que le dan la espalda a las oportunidades de crecimiento. Quienes deciden crecer, sin importar su edad o creencias, son personas más vitales, creativas y dispuestas a participar plenamente de la vida.

La historia de Mario

Recuerdo cómo me inspiraba Mario, un compañero que tuve en la maestría en literatura. Se dedicó toda su vida a la ingeniería industrial y a ver al mundo de cierta manera, pero en aquel momento de su vida, a sus 82 años de edad, decidió estudiar un posgrado en literatura, algo totalmente ajeno a lo que aparentemente lo había definido hasta ese momento. Nos dijo que nunca se había atrevido a seguir sus sueños, le había dado miedo cambiar de profesión, pero ahora estaba dispuesto a evolucionar. Su actitud era envidiable: era muy participativo y tenía más energía que muchos de nosotros. Para él no había pretextos, estaba verdaderamente comprometido a aprender. Cuando terminó la maestría, inició el doctorado con entusiasmo. Por supuesto que en lo que menos pensaba Mario era si le quedaba o no poco tiempo de vida, su actitud era tan vital que le hacía sentirse más joven. A los 82 años seguía queriendo comerse al mundo y demostró que nunca era tarde para empezar algo nuevo.

Una actitud así, tan positiva, alimenta el alma y contagia a los demás. Hay que ver al mundo como una enorme juguetería donde puedes jugar y explorar todo lo que quieras. El mundo está ahí afuera, esperando a que quieras disfrutarlo; ten la actitud de hacerlo, de amar la vida y de creer que puedes comenzar a cambiar tu forma de ver las cosas. Hay que tener una mente flexible para seguir creciendo y estar dispuestos a probar nuevas formas de hacer lo que hacemos. Tan sencillo como decidir mañana tomar un camino distinto al trabajo o como empezar a lavarte los dientes con la otra mano. Disponte a aprender nuevas cosas, desde las más simples hasta las más complejas, como un nuevo idioma o un *hobbie* diferente. Piensa que todo es posible.

2. Hoy elige ser feliz / Haz a un lado la procrastinación

La gente siempre le echa la culpa a sus circunstancias por lo que ellos son. Yo no creo en las circunstancias. La gente a la que le va bien en la vida es la que va en busca de las circunstancias que quieren, y si no las encuentran, se las hacen, se las fabrican.

—George Bernard Shaw

¡Ah, qué pesadilla es la gente que insiste que tiene mala suerte y argumenta que todo le sale mal por culpa de los demás, del destino o porque nacieron estrellados! No ven que pueden cambiar su actitud y empezar a sentirse bien si lo deciden. Una buena actitud te puede provocar un estado de ánimo alegre y, de manera recíproca, un estado mental feliz trae por consiguiente una buena actitud.

Constantemente se habla de la felicidad y de lo que debe hacerse para conseguirla, cuando en realidad basta tener la actitud de querer pasarla bien para empezar a sentirnos más felices. La felicidad es un estado pasajero que experimentamos *cuando se produce algo muy bueno en nuestra vida*, dice Desmond Morris en *La naturaleza de la felicidad*. Lo malo es que perdemos la capacidad de disfrutar y agradecer las cosas buenas que nos suceden, pues las damos por hecho y esperamos a que pasen grandes cosas para sentirnos dichosos. Con eso nos negamos la posibilidad de sentirnos felices con mayor frecuencia y facilidad. Solitos, nos vamos poniendo trabas y requisitos para ser felices: pensamos que la felicidad depende de factores como el dinero, el reconocimiento, la fama, el estatus social, el poder... Pero sentirnos bien depende más de nuestra actitud que de poseer esas cosas.

*La felicidad depende de nuestra actitud más
que de los factores externos.*

—Dalai Lama

No postergues tu felicidad
Aunque muchos afirmamos que *lo importante es lo de adentro* y que *la felicidad no está en las cosas materiales*, la gran mayoría de las personas no actúa en congruencia con estas ideas. Se sienten frustradas, ansiosas o infelices si no tienen la cantidad de dinero que quieren tener y postergan su felicidad para cuando lo tengan. Sí, es cierto que si vemos incrementados nuestros ingresos, nos sentiremos un poquito

(o mucho) más felices. Pero ya muchas investigaciones han demostrado que esto es verdad hasta cierto punto: la cantidad de ceros en la chequera no aumenta la felicidad. Por ejemplo, estudios hechos en Estados Unidos e Inglaterra comprueban que la mayoría de los ganadores de lotería, un año después, no presentan una diferencia abismal en sus niveles de felicidad comparados con los del resto de la gente. Así que nuestra actitud hacia el dinero, como hacia muchas otras cosas, está equivocada. No esperemos a que sucedan esas cosas para empezar a disfrutar la vida y ser más felices.

 La historia de Christopher

La infancia de Christopher estuvo marcada por la pobreza, la violencia, el abuso sexual y el analfabetismo. No conoció a su padre y dejó de ver a su madre a los 8 años. Vivió en casas de asistencia y a los 18 se enlistó en la Marina. Renunció y se fue a vivir a San Francisco, donde empezó a vender equipos médicos. Se casó y tuvo un hijo, pero su esposa los abandonó. Un día le llamó la atención un Ferrari, y Chris se acercó a su dueño y le preguntó: ¿A qué te dedicas? y ¿cómo le haces? Bob, el dueño del Ferrari, era un corredor de bolsa y platicó con Chris sobre un programa de entrenamiento que ofrecía su correduría. Chris no lo dudó un segundo: se convenció de que eso era lo suyo. Consiguió la beca en una empresa donde el único requisito era tener grandes deseos de ser rico. El programa duraba 12 meses, tiempo completo, por lo que Chris dejó de vender equipos y comenzó a verse en muchos aprietos por falta de dinero. El pequeño salario que le daban como parte de la beca no era suficiente para mantenerlos a él y su hijo de 19 meses. En el día, mientras estudiaba, dejaba al pequeño en una guardería y por la noche se refugiaban en albergues o se encerraban en los baños públicos de la estación de camiones. A pesar de

la dura situación, Chris nunca se dio por vencido. Estaba seguro de que lograría ser un exitoso agente de bolsa. Durante el tiempo que duró el curso, Chris mantuvo una actitud positiva y una fuerza de voluntad impresionantes. Logró graduarse del programa con honores. Tenía 28 años y fue contratado por la firma. Hoy día, Christopher Gardner duerme en aviones porque es un millonario famoso, conferencista y filántropo que recorre el mundo compartiendo su experiencia de vida. Nunca ha dejado de brindar su apoyo en programas de asistencia para los desamparados. Por supuesto, tiene un Ferrari estacionado en su residencia... ¿Te suena esta historia? En 2006 se publicó su autobiografía, que fue llevada al cine bajo el mismo título: En busca de la felicidad.

Tu actitud depende de tu voluntad

Una voluntad férrea es lo único que necesitas para empezar a cambiar tu actitud: convéncete de que puedes hacerlo. La historia de Christopher es uno de tantos ejemplos de fuerza de voluntad y de confiar en que es posible mejorar tus circunstancias. Todos los días decidía estar de buenas, pasarla bien, tener una buena actitud ante las adversidades y trabajar duro para alcanzar sus sueños. Tenía la voluntad de no dejar para después la posibilidad de ser feliz. En su libro *Willpower*: *Rediscovering the Greatest Human Strength* (Voluntad: redescubrir la mayor fortaleza del ser humano), Roy F. Baumeister y John Tierney, dos psicólogos e investigadores en el campo de la autoestima, analizaron la voluntad y descubrieron que esta, al igual que un músculo, se fortalece cuando la ejercitamos. La fuerza de voluntad es una energía mental que se alimenta de la glucosa contenida en el torrente sanguíneo del cuerpo y da la fuerza para perseverar; la voluntad es el único camino seguro para mejorar tu vida —y tu actitud— y la mayoría de nuestros problemas tiene un mismo origen: la falta de voluntad, lo cual nos lleva a comprar compulsivamente, a no hacer ejercicio, a comer obsesivamente, a abusar de sustancias, a pensar una y otra vez en cosas negativas y a dejar lo importante para después.

Postergar lo importante es lo que en psicología se conoce como **procrastinación** y lo hacemos porque empezar un proyecto, hacer un gran cambio o tomar una gran decisión nos produce una enorme ansiedad, nos abruma, y preferimos hacer cosas que nos provoquen placer inmediato. La procrastinación es un mecanismo que nos ayuda a lidiar con el estrés y la ansiedad que implican los cambios importantes. Sin embargo, como el placer es pasajero, la gente que deja para después lo que tiene que hacer hoy se queda casi siempre con sentimientos de culpa y su ansiedad aumenta. Sea cual sea la razón por la cual dejas las cosas importantes para después, confía en tu fuerza de voluntad y comienza a ejercitarla con pequeñas tareas cotidianas. Muy pronto verás que tu voluntad será la fuerza que necesitabas para hacer grandes cambios en tu actitud.

Cuando conocí a Doris y me dijo que podía visitarla en su oficina, nunca imaginé hacia dónde me llevaría esa pequeña conversación. Había postergado presentarme con un editor hasta terminar mi tesis de maestría en Letras; hasta leer todos los libros que no había leído; hasta tener escrito un libro casi en su totalidad; o hasta que estuviera definido mi estilo... Creía que llegaría El Día en que me sentiría lista para ser escritora y presentarme como tal. Cuando fui a visitar a Doris me quedé embobada con la vibra de aquel lugar, que después se convirtió, afortunadamente, en mi casa editorial. Así son las editoriales, wow... me decía, mientras me conducían a su oficina. No podía creer que estuviera ahí, presentándome con una editora que me dedicaría parte de su tiempo para escucharme decirle... ¿qué? ¿Qué tenía que decirle: que me encanta escribir pero nunca había escrito un libro completo? ¿Que quería ser escritora, que tenía muchos proyectos, y no sabía ni por dónde seguir? Pero detrás de mis angustias y miedos estaba mi enorme deseo de escribir. Cuando salí de ahí me sentí inmensamente feliz, no podía creer que hubiera sido tan sencillo como hablar simplemente de mí y por qué me apasionaba tanto la escritura. Mucho influyó la buena actitud de Doris, ahora mi editora, que tuvo la disposición y el interés de escucharme. Salí con una encomienda: trabajar en este libro... y simplemente comencé a escribir.

La vida es corta, empieza a cambiar
Regina Brett, en su libro *Dios nunca parpadea*, me hizo ver cuánto tiempo había postergado mi decisión de empezar a hacer lo que quería hacer. En los últimos años, me la viví procrastinándome, poniendo mil excusas para ser escritora y visitar a un editor, seguía poniéndome pretextos: lo haría hasta que tuviera al menos dos horas ininterrumpidas para escribir, hasta que me llegara la inspiración, hasta que pudiera embarazarme; luego, hasta que mi bebé empezara a dormir la noche de corrido, hasta que tuviera una oficina o un espacio silencioso para escribir... *La escritura es así de sencilla. Como lo son, al parecer, los abrumadores proyectos y planes que llevamos a cabo, es sencillo si los tomamos pieza por pieza... Termina un cuento. Un poema. Haz el compromiso de terminar las cosas*, dice la autora. ¡Es cierto! Pasamos el día entero haciendo cosas que nada tienen que ver con nuestros anhelos más profundos porque la ansiedad y el miedo de empezar a hacer lo que verdaderamente queremos nos paraliza: tememos no ser tan buenos, tememos la crítica, nos comparamos con los demás, nos exigimos ser perfectos, esperamos a que llegue El Día en que superemos nuestros miedos al rechazo o al éxito, pensamos en toda la gente que no piensa que tendremos éxito, nos repetimos una y otra vez que no tenemos nada bueno que decir... y así se nos pasan los días, los meses, los años, ¡la vida entera! Hasta que des-

cubrimos que ya hablamos tanto de nuestras ideas que incluso ya perdimos el interés; hasta que una enfermedad nos acecha; hasta que, como comenta Regina, nos dice el doctor que nos quedan seis meses de vida. No esperemos a que llegue El Día para empezar a hacer lo que queremos hacer. La vida es corta y debemos tener confianza en que *Dios no se equivoca: estamos aquí para cumplir un propósito, algo que nadie más va a realizar.* Nuestra existencia tiene un gran significado, pero está en nosotros revelarlo y ponerlo al servicio de los demás tal como nos toca hacerlo. Porque lo que hagas es único, irrepetible, nadie va a hacerlo como tú. Empieza ahora, nunca es tarde para cambiar.

Trabaja tu actitud

La actitud es algo que se tiene que trabajar todos los días, no solo se anhela ni es un traje que te quitas y te pones. Es un proyecto que se aterriza en lo cotidiano: hay que ponerla en acción con hechos concretos, desde que te levantas y te miras al espejo hasta que te vas a la cama luego de un largo día. Si tu propósito es sentirte bien, debes tener la voluntad de actuar en congruencia. ¿Qué te dices cuando empiezas el día: te echas porras o eres tu peor enemigo? Al final del día, ¿reconoces tus logros o te criticas severamente por todo lo que no te salió bien? ¿Qué haces en el día para ayudarte a tener una mejor actitud? Un ejemplo muy concreto que puedes poner en práctica para empezar a cambiar tu actitud es tener la voluntad de sonreír con mayor frecuencia. La sonrisa tiene un enorme poder sobre tu estado de ánimo y puede provocar un verdadero cambio en tu actitud, por eso se recomienda poner atención en ello. Dicen que un bebé sonríe unas 400 veces al día, mientras que los adultos lo hacemos, en promedio, ¡20 veces! El simple hecho de mover los músculos faciales puede hacer una gran diferencia en tu sistema. Inténtalo todos los días, oblígate a sonreír más, aunque al principio te parezca absurdo y forzado. Ponte una meta (no sé, tal vez sonreír frente al espejo mientras te bañas, rumbo a la oficina, y sonreírle más a la gente que te topas). Este tipo de acciones, aunque no lo creas, pueden generar un gran cambio en tu actitud. Lo mismo decir *gracias* o *buenos días /buenas tardes* cuando te encuentres con alguien en el camino; o leer un pensamiento positivo, una frase inspiradora, escuchar música que te alegre el día. Son acciones sencillas que pueden modificar tu estado de ánimo. El chiste es, como ya dije, tener la voluntad de querer hacerlo, y hacerlo.

3. Herencia no es destino

Tu vida está determinada no tanto por lo que la vida te ofrece sino por la actitud que tienes con la vida, no tanto por lo que te pasa sino por la forma en que tu mente ve lo que sucede.

—Gibrán Jalil Gibrán

 ### La historia de Laura

A Laura, de 42 años, le costó mucho trabajo sacudirse la actitud negativa que la caracterizaba. Como se dice coloquialmente, le había echado muchas ganas a la vida para lograr sus metas y sentirse bien, pero no lograba cambiar su desánimo y poca autoestima. Era la clásica mujer chambeadora, comprometida con su trabajo y muy honesta. Pero en el aspecto emocional nomás no daba una: siempre le iba mal. Los hombres que conocía perdían rápidamente el interés en ella. Laura daba una primera impresión muy agradable, pero cuando se abría de capa y espada brotaba su actitud negativa y dependiente que a muchos asustaba. Se justificaba echándoles la culpa a sus padres por haberle heredado su mala actitud. Su papá fue un hombre con muy baja autoestima que creía que debía darlo todo a los demás y se olvidaba de darse a

sí mismo; hacía muchos sacrificios en beneficio de su familia, pero luego se los cobraba con frases como: Ustedes diviértanse, yo no importo *o* Lo importante es que ustedes estén bien. *Por su parte, la mamá de Laura era muy amorosa y amable, pero también con una bajísima autoestima. Creía que el valor de las personas radicaba en el éxito profesional, por eso era muy exigente con su hija. Cuando el papá de Laura se enfermó, comenzó a amargarse porque se sentía muy frustrado, resentido con los demás. Entonces, la mamá de Laura cayó en una fuerte depresión. Todo esto sucedía mientras Laura era todavía una niña y formaba sus juicios y visión del mundo. El ambiente familiar favoreció, sin duda, a que desarrollara una autoestima y un estado anímico bajos, triste, y de mucha desconfianza. Años después, en terapia ya siendo adulta, vio con claridad de dónde venían muchos de sus pensamientos y actitudes inseguras. Reconoció que sus padres, sin haberlo querido, le habían transmitido sus emociones de miedo y tristeza, y muchos de los mensajes que se seguía repitiendo en la cabeza. Sin embargo, Laura entendió que al ser un adulto podía hacerse responsable de su forma de interpretar el mundo. Ya no era válido, a estas alturas de su vida, seguir culpando a sus papás por su actitud actual. Logró ver en ellos los aspectos positivos que tenían y eso le ayudó a sentir agradecimiento. Como resultado, pudo poner en práctica pensamientos más optimistas que empezaron a cambiar su actitud de víctima. Finalmente, logró establecer una relación amorosa positiva porque ya no asustaba a nadie con sus inseguridades.*

Lo que quiero mostrarte es que si bien nuestro núcleo familiar es el principal *proveedor* de nuestra actitud, no quiere decir que no tenemos la capacidad emocional de modificar muchas de nuestras creencias y conceptos aprendidos durante la infancia. En efecto, muchas personas (especialmente papá y mamá) son fuente de inspiración, para bien y para mal, de nuestra actitud en la vida. *Heredamos* hasta cierto punto sus actitudes destructivas y constructivas. Por eso, cuando somos padres, tenemos la gran responsabilidad de ser personas emocionalmente sólidas, pues nuestros hijos aprenderán de nosotros, más que de ninguna otra persona, la actitud de confianza ante la vida.

Sin embargo, está comprobado que herencia no es destino, y cuando somos suficientemente maduros y capaces de hacer un buen trabajo de introspección, con mucha voluntad podemos transformar nuestros pensamientos. Tenemos la capacidad de desempolvar las herramientas con que todos nacimos para trabajar y construir nuestra autoestima y una visión más optimista del mundo. Por eso, deja ya de culpar a tus pobres padres, a los demás o a las experiencias del pasado que no fueron muy amigables contigo. Aprende a reconocer en ti la gran capacidad que tienes de moldear tu actitud en tu propio beneficio.

La culpa tampoco es de tus genes...

Se habla del rol que juega la genética en las cuestiones emocionales, y no es para menos: está científicamente comprobado que todos nacemos con cierta predisposición genética a la alegría y al optimismo, o a la tristeza y el pesimismo. Habrás notado que hay gente a quien se le facilita estar de buenas, tomarse la vida menos a pecho y hasta reírse más fácilmente de los chistes que tú. Y conocerás a otros a quienes parece que el pesimismo los seduce todos los días... ¡aun en contra de su voluntad!

Investigadores de la Universidad de Edimburgo concluyeron que los genes pueden ser responsables de hasta un 50% de la felicidad de las personas. Sin embargo, con el otro 50%, ese que no está genéticamente predeterminado, podemos hacer mucho para nuestro beneficio. Estos académicos afirman que podemos ser un poco más felices y tener una mejor actitud, aun si no estamos predispuestos para ello, si imitamos los rasgos de personalidad de quienes sí están predispuestos a una buena actitud: siendo más sociables, proponiéndonos metas realistas y aprendiendo a ver nuestras preocupaciones y adversidades desde una perspectiva más positiva. No es cierto que no podemos cambiar nuestra forma de ver la vida: mucho puede lograrse si nos convencemos de ello y si lo intentamos todos los días.

Ejercicio 4

Nadie está destinado a ser un gruñón, malhumorado, preocupón... Intenta el siguiente ejercicio de visualización.

1. Busca un lugar tranquilo, sin distracciones, donde puedas respirar paz.
2. Piensa qué es lo que te gustaría cambiar o empezar a hacer para modificar tu actitud; por ejemplo, si quisieras ser más amable con los demás, visualízate más amable.
3. Incluye en tu visualización tus emociones: cómo te hace sentir el ser más amable.
4. Repite este ejercicio tantas veces como te sea posible. Te sorprenderás al ver el poder que tiene la visualización para empezar a cambiar tu actitud.

4. Es posible *recablear* tu cerebro

Las personas cambian cuando se dan cuenta del potencial que tienen para cambiar las cosas.

—Paulo Coelho

Cuánta gente escuchas decir: *Yo soy así y no puedo cambiar* ¿Eres uno de ellos? Quiero hablarte aquí de lo que en el campo de la neurociencia se ha descubierto respecto a cambiar tu actitud: es posible *recablear* tu cerebro para ser más optimista.

Antes se creía que el cerebro era como un disco duro que no podía modificarse, pero los científicos que estudian este órgano y su relación con nuestra vida emocional han confirmado que con nuestros pensamientos y la manera de sentirnos ante las cosas que nos suceden es posible cambiar las conexiones cerebrales y, por ende, provocar estados de ánimo más alegres y positivos. Dicen que el cerebro es bastante flexible y que las experiencias son el principal factor para provocar cambios. El psicólogo John B. Arden explica que nuestro cerebro todo el tiempo hace nuevas conexiones entre neuronas y aniquila aquellas conexiones que no utiliza. Se han localizado las áreas del cerebro donde se activan o desactivan casi todas nuestras sensaciones, y podemos desarrollar nuevas conexiones neuronales que promuevan buenos hábitos y emociones más satisfactorias y *clausurar* las que nos impulsan a tener hábitos destructivos. Todo esto es posible con los pensamientos (optimistas, evidentemente) y también a través de hábitos saludables como el ejercicio, el sueño adecuado y la buena alimentación. En el Capítulo 3 hablaremos de la dieta conveniente para que tu cerebro sea más feliz.

Los pensamientos, sin duda, alteran sustancias específicas que actúan en el cerebro. Cuando te sientes feliz produces más oxitocina, hormona del bienestar. De igual manera, si te preocupas demasiado, se libera cortisol, el cual en niveles elevados y prolongados puede dañar varios órganos de tu cuerpo. Esta es la razón por la que la mayoría de la gente que se la pasa preocupándose por no enfermarse consigue, en efecto, enfermarse de pura preocupación. Los niveles altos y prolongados de estrés dañan no solo nuestro estado de ánimo, sino también nuestro cerebro. Por eso es importante cambiar tu actitud porque con ello reprogramas las conexiones neuronales para sentirte mejor. Si entrenas a tu cerebro a tener pensamientos positivos de manera regular, podrás sentirte más tranquilo y enfocado y, por ende, tu actitud mejorará notablemente.

Para reprogramar el cerebro, el Dr. Arden propone un método de cuatro pasos: enfócate en el momento presente y en lo que quieres modificar; esfuérzate (trabaja) para adquirir ese nuevo hábito; trabaja en ese nuevo hábito hasta que la práctica del mismo empiece a sentirse más natural; continúa el plan con mucha determinación. Algo así como una dieta mental. Según cuenta el Dr. Arden en su libro *Rewire Your Brain* (Recablea tu cerebro), lo visitó Ángela, una paciente a quien su médico familiar le recomendó visitar a un psicólogo. Su doctor estaba convencido de que Ángela se buscaba gratuitamente enfermedades y lo que la enfermaba era su actitud negativa. Arden le enseñó a Ángela a aplicar su método cada vez que tuviera pensamientos obsesivos por las enfermedades. Al principio, el método le parecía muy forzado, pero conforme avanzaba con el tratamiento Ángela fue sintiéndose más cómoda. En su cerebro ocurrieron nuevas conexiones y las sustancias que provocan bienestar empezaron a fluir, reforzando el interés de Ángela en continuar con el tratamiento. Bastaron tres semanas para que Ángela lograra modificar sus pensamientos negativos y dejara de preocuparse obsesivamente por su salud. Está comprobado que estos ejercicios de visualización y repetición de ideas sí funcionan, pues logran importantes cambios en el cerebro. Por supuesto, lo ideal es acompañar estas terapias con algún tipo de trabajo de introspección, ya que repetirte frases optimistas no tiene efecto si no haces el trabajo desde tu interior.

Es posible modificar las estructuras del cerebro no solo haciendo cosas nuevas, también pensando o imaginando comportamientos diferentes, pues con ello se activan conexiones que tenemos sin usar. Mejorar tu memoria y la calidad de tu sueño ayuda a *recablear* tu cerebro y, por consiguiente, a sentirte más positivo y tranquilo en tu vida.

5. Piensa en grande, da pasos pequeños

Las cosas grandes del mundo solo pueden hacerse prestando atención a sus pequeños comienzos.

—Lao Tse

Eso de tener metas en la vida es un arma de dos filos: por un lado, los proyectos nos entusiasman y le dan sentido a nuestro día a día; sin embargo, en un extremo, pueden llegar a jugarnos chueco: si somos demasiado obsesivos, tal vez nuestros proyectos nos causen mucha ansiedad. Además, las grandes metas pueden verse tan lejanas que no encuentres entusiasmo en los objetivos diarios.

En definitiva, tener proyectos y grandes metas no solo es bueno, sino necesario para sentirte motivado, pero para evitar la ansiedad al no alcanzarlas es probable que te convenga empezar a pensar en pequeño, los cual no es sinónimo de mediocridad. Dicen los psicólogos que hay que ponerse pequeñas metas enfocadas a la meta más grande (o principal). Un típico ejemplo: eres una persona muy sedentaria pero te gustaría un día correr un maratón. Si nunca has hecho ejercicio y de repente decides ir todos los días a correr, es probable que en poco tiempo tires la toalla. Cambios de este tipo son exitosos si los haces gradualmente, pues se requiere de un proceso adecuado de adaptación. De ser sedentario a convertirte en maratonista de la noche a la mañana hay una brecha enorme, y mucha gente se agota tanto con el esfuerzo inicial que termina renunciando. Si por el contrario, te pones metas cortas y realistas, puedes lograr mejores resultados: que tu primera meta sea ir a correr tres veces por semana durante una semana, luego durante un mes y finalmente, a los tres meses de ser constante, ya puedes ponerte una nueva meta: apuntarte en una carrera de 5 kilómetros.

Lo poderoso de las pequeñas metas es que inyectan entusiasmo y nos dan confianza para ponernos una siguiente meta. Se va generando una especie de impulso motivador, por lo que entre más objetivos vas alcanzando, más lejos querrás llegar. Por eso, ponerse metas reales y a corto plazo, pero que te acerquen a tu GRAN OBJETIVO, es lo más recomendable para tener éxito.

De igual manera, adquirir el hábito del pensamiento positivo es un gran objetivo que puedes alcanzar si te pones metas pequeñas y realistas. Empieza por poner atención a tus pensamientos actuales. Anota cuántas veces al día piensas cosas poco constructivas (escribe esas frases). Después de dos o tres días de hacerlo, la siguiente meta puede ser que cada que aparezca un pensamiento negativo lo sustituyas por uno positivo. Haz el ejercicio y descubre si logras, primero, pasar un día la prueba; después, que la meta sean dos días, luego una semana... al cabo de un tiempo, los pensamientos positivos se harán habituales.

6. La magia de los 21 días

Las costumbres se hacen leyes.

—DICHO POPULAR
(O AL MENOS MUUUUY POPULAR EN MI FAMILIA)

Cuando nos hacemos el hábito de repetirnos frases como *Nada me sale bien*, *Soy una idiota* o *Todo se me olvida*, nos convertimos en eso (gente a la que nada le sale bien, tontos y olvidadizos). Nos habituamos a creer que somos así porque es lo que nos repetimos todo el tiempo. Aunque parezcan frases dichas a la ligera, reflejan nuestra actitud y llegan a convertirse en creencias. No lo eches en saco roto y observa cuáles frases para descalificarte te repites todo el tiempo.

Es posible cambiar estos malos hábitos por unos más positivos, como empezar a comer mejor, hacer ejercicio, ser más amables. Ya sabemos que si ponemos a trabajar las conexiones del cerebro, fortalecemos dichas conexiones y perfeccionaremos tal o cual hábito. Por ejemplo, todos tenemos la habilidad de ser amables, pero si no lo practicamos se debilitarán las conexiones cerebrales que nos hacen serlo. Por eso hay gente a quien *se le da* más fácilmente ser amable que a otros, porque es un hábito que practican con frecuencia. Lo mismo pasa cuando aprendes un nuevo idioma o a andar en bici: se fortalecen las conexiones neuronales involucradas en ese proceso. La repetición reorganiza las conexiones cerebrales y da origen a nuevos hábitos de pensamiento. Lo que es mejor: entre más repites algo, más te vuelves un experto en eso.

De acuerdo con Jack Hodge en su libro *The Power of Habit* (El poder del hábito): *Hasta un 90% de nuestro comportamiento diario está basado en los hábitos.* Si consideramos que casi un 90% de lo que hacemos es un hábito, la única forma, dice Hodge, de hacer un cambio verdadero en nuestra vida es *haciendo un cambio verdadero en nuestros hábitos*. Algunos expertos afirman que 21 días son suficientes para producir cambios efectivos en nuestro cuerpo y mente. ¡Solo 21 días! Otros insisten en que el número de días varía dependiendo de la *magnitud* del hábito en cuestión: habituarte a tomar diariamente dos litros de agua puede ser más sencillo que hacer ejercicio o tener actitudes más optimistas y alegres. Es posible que el *mito* de los 21 días haya surgido a partir de un libro publicado en 1960 por un cirujano plástico, Maxwell Maltz, quien observó que las personas con extremidades amputadas se ajustaban a la pérdida de sus brazos o piernas en 21 días, con lo que argumentó que 21 días son suficientes para que cualquiera se adapte a los cambios importantes de su vida.

Lo relevante no es saber con exactitud en cuánto tiempo puedes cambiar tus malos hábitos. A cada quien le tomará su tiempo. Pero si repites sistemáticamente algo por al menos 21 días (o 28 o 32), lograrás empezar a hacerlo de manera automatizada, es decir, lo convertirás en una costumbre difícil de abandonar. Tres semanas o 21 días pueden parecerte mucho o muy poco, pero es una buena meta a corto plazo. Con constancia, es seguro que veas algún cambio en tu actitud en 21 días (¡o antes!). Habituarte a pensar positivo, a ser más amable y sonriente son buenas metas para cambiar tu actitud y ver el mundo de otra manera. En su libro, Hodge menciona una frase que alguna vez le dijo su abuelo y que vale la pena compartir:

Existen dos tipos de personas en el mundo: las soñadoras y las emprendedoras. Los soñadores hablan, piensan, sueñan, anhelan e incluso planean hacer cosas extraordinarias; los emprendedores ¡las hacen!

¿Por qué no comienzas?

Ejercicio 5
Estrategias para mantenerte motivado los primeros 21 días:

1. Ten por escrito tu objetivo y asegúrate de tenerlo visible. Es recomendable que escribas una oración corta y en positivo; por ejemplo, en vez de escribir *ya no voy a pensar que algo malo va a sucederme*, escribe *solo lo bueno viene a mí y a los míos*.
2. Haz una lista de las razones por las cuales has decidido eliminar o cambiar dicho hábito. A veces, a la mitad de la carrera, es probable que te sientas cansado y confundido, pero tener estas razones a la mano te hará recordar por qué estás haciendo lo que estás haciendo.
3. Háblate con frases optimistas, apláudete y date reconocimiento. Sustituye comentarios negativos como: *qué tonto* por *mañana lograré hacerlo mejor*.

4. Visualízate como si ya hubieras adquirido ese nuevo hábito; por ejemplo, si quieres ser más amable con tus colegas del trabajo, imagina que ya lo eres.

Transformar tu vida por medio de tu actitud es posible si pones en ello no solo tu cabeza, sino también tu corazón.

3

Dieta para una buena actitud:
qué comer, cuánto dormir y de quiénes rodearte para ser más optimista

Hay una pequeña diferencia entre la gente, pero esa pequeña diferencia hace una gran diferencia. La pequeña diferencia es la actitud. La gran diferencia es si es positiva o negativa.

—W. Clement Stone

Nada en esta Tierra puede detener al hombre que posee la correcta actitud mental para lograr su meta. Nada en esta Tierra puede ayudar al hombre con la incorrecta actitud mental.

—Thomas Jefferson

Por insignificantes que te parezcan, las decisiones que tomas diariamente impactan en tu estado de ánimo y en tu forma de ver la vida (tu actitud). Las elecciones que haces en el supermercado, en un restaurante, mientras manejas tu coche o pasas tiempo con tu familia, repercuten en tu bienestar. ¿De qué alimentas a tu cuerpo? ¿Con qué nutres tu espíritu? ¿De quiénes te rodeas: gente que te inspira o gente que te desmotiva? ¿Qué actividades realizas para estar en contacto contigo mismo? ¿Qué te entretiene? ¿De qué platicas, cuáles son tus temas? Todas estas elecciones alimentan tu actitud. En este capítulo analizaremos, desde una visión integral, los hábitos que puedes adoptar para tener una actitud más alegre, optimista y saludable.

1. Comer bien, dormir bien y hacer ejercicio: un trío muuuuy reparador

UNO: tu dieta

Por ahí dicen que *somos lo que comemos*; aunque no se trata de una expresión literal (no imagino a alguien con actitud de torta, de taco o berenjena), me parece un planteamiento muy revelador: lo que comes y cómo comes habla mucho de cuánto te quieres. Pues bien, debes saber que para mejorar tu estado de ánimo, y por ende tu actitud, es importante hacer cambios en tus hábitos alimenticios.

Dirás que qué tiene que ver lo que comes con tu forma de ver la vida. Bueno, no voy a decirte que con un puñado de almendras podrás ver el mundo color de rosa, pero, aunque no lo creas, lo que comes influye notoriamente en tu estado de ánimo. Se sabe que el cerebro responde a los alimentos que ingerimos y que estos pueden disparar ciertos neurotransmisores y hormonas que repercuten en nuestras emociones. Uno de estos es la dopamina, *hormona del bienestar*, la cual en niveles adecuados es responsable de las emociones de entusiasmo y placer, mientras que en niveles bajos promueve la tristeza, el aburrimiento, irritación y sensación de vacío. En su libro electrónico *The Serotonin Secret* (El secreto de la serotonina), la doctora Caroline Longmore afirma que hay ciertos alimentos, como los frijoles, el pavo, los espárragos, las semillas de girasol, la piña, el atún o las nueces, capaces de incrementar los niveles de serotonina, el químico conocido como la *hormona de la felicidad*. Cuando se encuentra en niveles bajos se le asocia con desórdenes del estado de ánimo, ansiedad e incluso depresión. Otro ejemplo: las proteínas al ser digeridas se convierten en aminoácidos y uno de ellos, la tirosina, promueve la liberación de químicos que aumentan el estado de alerta y la energía. Por su parte, los carbohidratos favorecen la relajación y ayudan a combatir el estrés, pues le dan al cuerpo azúcar, la fuente de energía por excelencia. Nueces, semillas de girasol y cereales de grano entero proporcionan selenio, un elemento que cuando lo tenemos bajo se le relaciona con altos grados de ansiedad, irritabilidad y hostilidad. Cuando el ácido fólico es insuficiente en el organismo, está ligado a estados de depresión porque disminuye los niveles de serotonina. Los ácidos grasos Omega 3, presentes en el pescado (salmón sobre todo), el aceite de linaza y las sardinas ayudan a que las células cerebrales y los neurotransmisores funcionen adecuadamente, lo que nos da una especie de *levantón*.

Como ves, existe una gran relación entre lo que comemos y cómo nos sentimos. Pero la buena alimentación va más allá de producir estos efectos, principalmente porque una dieta equilibrada te da la energía necesaria para enfrentar el día. El cerebro es uno de los órganos más hambrientos, utiliza 20 veces más energía que la de un músculo en movimiento y su *gasolina* es la glucosa, elemento en el que todos los alimentos se descomponen. Por eso, además de comer suficiente, hay que hacerlo con regularidad; el cerebro tiene hambre todo el tiempo. Habrás escuchado eso de que no debes dejar pasar más de 3 o 4 horas sin comer, y la razón es que esto promueve el flujo constante de glucosa en el cerebro, lo que mejora tu concentración y mantiene tu estado de ánimo elevado. Haz un buen desayuno y come algo cada 3 o 4 horas; ojo, con *algo* me refiero a un *snack* ligero y saludable. Una alimentación balanceada se traduce en un cerebro activo y *bien alimentado*. Y cuando tu cerebro está en equilibrio es posible ahuyentar los cambios abruptos de humor.

Los mejores alimentos para tu actitud

Grasas. Las de los pescados, la linaza y el aceite de las nueces son altas en DHA, un ácido graso crucial para la salud del sistema nervioso.

Yogur. Tiene lisina, un aminoácido que reduce la ansiedad. Consumir yogur con nueces (altas en arginina, otro aminoácido poderoso), reduce las hormonas del estrés.

Jitomates. Tienen mucho licopeno, un poderoso antioxidante que puede protegerte de la demencia. La cantidad ideal: 22 miligramos diarios de licopeno (media taza de puré tiene 27.2 mg, una taza de jugo de tomate tiene 22, un jitomate fresco, 3.2)

Cafeína. Ayuda a la concentración y a darte energía. El té también es una excelente opción, pues además contiene teanina, que produce relajación y concentración cuando tenemos frente a nosotros muchas tareas. Ojo: si consumes más cafeína de la cuenta, el resultado puede ser adverso. Se recomiendan 2 a 4 tazas de café al día.

Chocolate. Entre más oscuro mejor, pues contiene azúcares que levantan tus niveles de serotonina y otros compuestos que estimulan el sistema nervioso central. Sus grasas estimulan a las endorfinas, encargadas de hacerte sentir bien.

Nueces y ajo. Tienen selenio, que levanta el ánimo, la energía y reduce la ansiedad.

Vitamina C. Incrementa la agilidad mental. Una de las mejores fuentes de esta vitamina son las grosellas, pero como no son comunes elige fresas, papaya, kiwis, pimientos rojos, brócoli, espinacas y, obviamente, guayabas y cítricos.

Hojas verdes. Espinaca, arúgula, berros... mantienen en buen nivel a las hormonas del *buen humor*: serotonina, dopamina y norepinefrina. La falta o disminución de vitamina B6, de la que estas hojas son alta fuente, puede fomentar nerviosismo, irritabilidad e incluso favorecer la depresión.

Huevos. Contienen un alto nivel de colina; acompañados con algún cereal de grano entero pueden darle un levantón a tu cerebro y controlar la ansiedad.

¿Qué más ayuda al cerebro? Dormir bien, mantenerte hidratado, hacer ejercicio y la meditación o alguna actividad de relajación.

Enemigos de la buena actitud

Bájale al azúcar. Alimentos muy dulces no son recomendables, pues causan subidones y bajones repentinos en los niveles de glucosa. Con esto no logras el equilibro de glucosa necesario para el buen funcionamiento del cerebro. Refrescos: olvídalos. La gente que toma 2.5 latas de refresco al día es 3 veces más propensa a sentirse ansiosa.

Controla tu ansiedad. Si estás nervioso, el cuerpo produce cortisol, la llamada *hormona del estrés* que incita al cerebro a buscar algo que lo calme: azúcares y alimentos grasosos. Pero entre más los consumes, más se altera la forma en que tu cerebro responde a la ansiedad: se vuelve adicto y quiere más. La única forma de dejar de comer por ansiedad es eliminando esos antojos. Distráete con alguna actividad que aumente tus niveles de dopamina: leer, hacer ejercicio o socializar.

Bájale al alcohol. El vino tinto tiene muchos beneficios para la salud cardiovascular y el buen colesterol, pero más de lo recomendado (2 copas diarias en los hombres, una en las mujeres) puede deprimir el sistema nervioso y cambiar drásticamente tu ánimo.

No dejes de desayunar. Empieza el día con un desayuno bajo en índice glicémico; este índice se refiere a la velocidad con la que el cuerpo absorbe y digiere la glucosa: entre más lento, más tiempo durará la energía en tu cuerpo y te sentirás más satisfecho. La avena, los alimentos con mucha fibra (fresas) y panes integrales son una excelente opción y te ayudan a tener mayor agudeza mental, incluso si eligieras otro desayuno con la misma cantidad de calorías.

Como ves, lo que comes tiene mucho que ver con tu humor y puede favorecer o no ciertos estados de ánimo. Eso sí, hay que aclarar que si bien algunos desajustes emocionales **leves** *pueden aminorarse con la dieta adecuada, otros desequilibrios más profundos tienen un trasfondo clínico que debe ser evaluado por un médico.*

DOS: el ejercicio

Los beneficios del ejercicio están más que comprobados. A nivel emocional, al permitir que la sangre y los nutrientes fluyan hacia tu cerebro, el ejercicio ayuda a aclarar tu mente y a secretar químicos como las endorfinas que propician un buen estado de ánimo y ahuyentan la depresión. Se ha demostrado que quienes más se ejercitan tienen mejores estados mentales que los que no tienen el hábito del ejercicio. Además, ejercitarte te da energía porque incrementa el oxígeno en el cuerpo.

Asimismo, el ejercicio puede mejorar tu actitud porque algunas actividades físicas implican la convivencia con otras personas. El contacto social es una de las medicinas para el alma por excelencia. Si eliges una actividad que implique formar parte de un equipo te sentirás más optimista, pues en el cerebro hay un sistema de conexiones ligadas a respuestas emocionales de carácter social. Cuando tienes relaciones afectivas, esos sistemas cerebrales se interconectan y te ayudan a sentirte más animado. No aislarse es importante para la actitud, y el ejercicio es un buen pretexto para conectarte con otras personas.

¿Cuánto ejercicio es el mínimo recomendado? La Organización Mundial de la Salud sugiere realizar al menos 30 minutos al día. Si te cuesta trabajo hacerlo, te tengo buenas noticias: los expertos afirman que estos 30 minutos son tan efectivos si los repartes a lo largo del día: 15 minutos en la mañana y 15 en la noche, o bien, si los divides en tres sesiones de 10 minutos. Otras actividades como la jardinería, lavar tu coche, caminar alrededor de tu cuadra son buenas formas de actividad física. Eso sí, los beneficios emocionales del ejercicio duran el tiempo que mantengas el hábito, por eso elige una actividad que te guste para que no la sueltes.

Cuando mi papá murió, de lo que menos tenía ganas era hacer ejercicio. No era mi prioridad ni me interesaba tener mejor condición física. Mi tanatóloga insistía en que debía hacer alguna actividad física, pues el ejercicio iba a ser uno de mis antídotos contra la depresión... Pasaron varias sesiones para que al fin me animara a hacerle caso a Gaby. Cuando empecé a mover el cuerpo, descubrí por qué había insistido tanto. Empecé a caminar en el parque dos veces por semana. El solo hecho de estar en un ambiente distinto, abierto, y ver a otras personas ejercitándose —y felices— comenzó a animarme. Y en efecto, entre más ejercicio hacía, mejor me sentía. Aunque el dolor no desaparecía, mi estado de ánimo y mi actitud hacia el duelo fueron cambiando. Ya no era tan fácil engancharme con la actitud de víctima, y la tristeza poco a poco fue menos frecuente en mi vida. De caminar pasé a correr, y ahí fue cuando mejor me sentí. Sin duda, no dejaba de dolerme la ausencia de mi padre, pero el ejercicio me animó, me inyectó energía, me bajó los niveles de ansiedad, me ayudó a dormir mejor y a sentirme optimista.

Estrategias para mantener el hábito del ejercicio
- **No lo veas como una obligación** porque si fallas lo vas a asociar al fracaso. Tampoco lo veas como un sacrificio. Piensa que es tan importante como una medicina: te ayuda a sentirte bien.
- **Identifica la actividad física que más te gusta hacer.**
- **Organiza tu agenda** y encuentra los momentos *naturales* y *factibles* para mantener el hábito (dormir menos o sustituir tu vida social no es buena idea).

- **Establece objetivos.** Ponte una meta realista y, cuando la alcances, da el siguiente paso.
- **Ponle alto a tus pretextos.** Si necesitas sentirte comprometido, ve al gimnasio con un amigo; si te gustan los retos, inscríbete a un equipo; si no tienes dinero, camina o sal a correr.
- **Reconoce tus logros.** Levantarte para ir al gimnasio a las 6 am o dar dos vueltas en vez de una, son grandes logros, aprende a reconocerlos.
- **Sé paciente.** Si un día no puedes cumplir con tu rutina, no te decepciones: todo lo que has logrado cuenta y mañana puedes retomar tu actividad.

TRES: el sueño

Por lo regular, la gente que duerme mal tiene un humor pésimo. ¿Quién puede tener buena actitud, sonreírle al mundo y estar de buenas si no duerme bien? Solemos minimizar los trastornos del sueño y acostumbrarnos al insomnio frecuente, a dormir mal y estar siempre cansados. Las clínicas del sueño existen porque en verdad ayudan a la gente a corregir su vida a través de mejorar su calidad de sueño. No creas que porque duermes lo *suficiente* o concilias rápidamente el sueño no tienes de qué preocuparte. A veces no logramos un descanso reparador porque tenemos problemas de respiración o la inquietud no deja que el cuerpo se relaje. Si amaneces cansado, con dolor de espalda, y en el día te sientes aletargado, con dolores de cabeza, de oídos o de quijada, si tu cansancio es crónico o te despiertas con frecuencia por las noches, ponte en manos de un médico. No minimices el problema, tu salud se puede ver seriamente afectada. En 2007, la revista estadounidense *Hypertension* reveló que las mujeres que duermen menos de siete horas diarias tienen 42% mayor riesgo de desarrollar hipertensión; además, la falta de sueño puede devenir en problemas emocionales como depresión o ansiedad.

¿Qué hacer para dormir mejor?
- Haz ejercicio. Quienes se ejercitan regularmente —entre 20 y 30 minutos— reducen 50% el tiempo que tardan en quedarse dormidos. El ejercicio aumenta la etapa de sueño profundo, la más reparadora. Ejercitarte antes de irte a dormir promueve el sueño, ya que eleva el ritmo cardiaco y la temperatura corporal, pero que sea entre 3 y 6 horas antes.
- Cena alimentos ricos en triptófano (atún, huevos, lácteos, manzanas, fresas, espinacas, cereales), un antidepresivo natural.
- Los carbohidratos simples (como el pan blanco) y el azúcar en exceso no son recomendables para cenar, pues incrementan la glucosa en la sangre y esto puede provocar que te despiertes a media noche.
- La deficiencia de vitamina B, calcio y magnesio inhibe el sueño. Pregunta a tu médico si puedes tomar una tableta de calcio con magnesio por las noches.

Si tu problema para dormir no está relacionado con un padecimiento fisiológico, sino con malos hábitos, es momento de hacer algunos cambios:
- Intenta irte a la cama temprano; el promedio de horas de sueño es 8, aunque hay quienes con 7 o 9 se sienten bien. Menos de 7 horas no es aconsejable.
- Duerme en una cama cómoda, en un cuarto fresco, ventilado y sin ruidos.
- Cambia tu reloj digital por uno de manecillas o, al menos, tápalo o regula la intensidad de su luz. Desenchufa los aparatos: aunque no lo creas, las pequeñas luces del reloj o del modo *stand-by* suelen ser distractores.
- No te duermas inmediatamente después de haber cenado. Deja pasar 2 horas.
- Respeta tus horarios. Aunque hayas dormido mal, despiértate y duérmete a la misma hora.

– No te desesperes, si no logras conciliar el sueño evita que la situación te estrese más.
– Si no puedes dormir, intenta un método de relajación en la cama (respiraciones profundas). En el día, la meditación te ayudará a mejorar tu calidad de sueño.

Adoptar un estilo de vida saludable determina notablemente tu estado de ánimo, pues cuando te sientes bien físicamente la sensación de bienestar se expande a los otros aspectos de tu existencia (el espiritual y el mental).

2. Busca una motivación

A veces la existencia se convierte en algo rutinario y mecánico, y con tal de no salirnos de nuestra zona de confort, dejamos de buscar nuevas cosas que nos entusiasmen y nos motiven. Es cuando la vida deja de ser auténtica. Todos tenemos una misión en la vida, un propósito que cumplir, y cuando no encontramos ese propósito nos falta pasión, que es la que nos ayuda a tener una experiencia vital y excitante en la vida, sin ella no podemos tener una actitud optimista. La gente con actitud innovadora, creativa y positiva está muy motivada con lo que hace. Es increíble, pero cuando algo nos motiva, tenemos la sensación de querer comernos al mundo y nos sentimos capaces de enfrentarnos a lo que sea. ¿Qué te motiva tanto como cuando eras niño y esperabas ansioso a que te llevaran al parque o a visitar a tus amigos? ¿Tienes hoy una motivación *deliciosa* en tu vida? Me refiero a un objetivo que se te antoje, que disfrutes y te apasione, algo que simplemente no puedas dejar de hacer.

Muchas veces los adultos creemos que los hijos son o deberían ser nuestro motor principal. Si bien es cierto que ser padres es una poderosa motivación, en realidad está ligada a una tarea o responsabilidad adquirida y, en ese sentido, depende de alguien más o de un rol adquirido en la vida. No es el tipo de motivación del que aquí te estoy hablando. La motivación de la que hablo es la que llamo *motivación trascendental* y surge de nuestro deseo de ser fregones en algo que nos gusta mucho, del anhelo de poder aportarle algo al mundo. Es una motivación inherente a cada quien, independiente de nuestros roles u obligaciones; es eso que te apasiona y te impulsa a querer comerte el mundo; es una fuente de impulso duradera.

Cuando estamos motivados, hacemos mejor las cosas y nuestra actitud es más optimista.

¿Qué clase de metas u objetivos pueden motivarnos hasta ese punto? Por años, psicólogos, sociólogos y hasta economistas han buscado las respuestas. Se decía que lo que nos motivaba a actuar eran dos impulsos: el biológico (satisfacer nuestras necesidades básicas) y el externo (las leyes y reglas sociales). En los años cuarenta, el psicólogo Harry F. Harlow afirmó que hacía falta una razón más poderosa que explicara por qué mucho de lo que hacemos no tiene que ver con nuestras necesidades básicas o con evitar un castigo o recibir un premio; hablaba de un factor intrínseco, una tercera motivación: *hacer las cosas por el placer que nos provocan*. A esta conclusión se le sumaron más *partecitas* de otros especialistas hasta tener esta definición más completa:

Los seres humanos tenemos la tendencia a buscar retos, cosas novedosas que nos hagan ejercitar al máximo nuestras capacidades. Nos gusta aprender y explorar nuevas posibilidades.

Haz lo que amas
Daniel H. Pink, autor de *Drive* (La sorprendente verdad sobre qué nos motiva), dice que tenemos una *necesidad innata de dirigir nuestra vida, de aprender y de crear cosas nuevas, y de hacer algo mejor para nosotros y para el mundo*. Nos mueve un motor interno muy poderoso: el impulso natural de hacer aque-

llas cosas que alimentan nuestra autonomía, nuestra capacidad de hacer algo por elección propia. Queremos hacer las cosas que nos llevan al dominio de una habilidad, que nos provocan placer, entretenimiento, y nos dan un propósito o un sentido superior. Este sentido tiene que ver con hacer una contribución al mundo. ¿Lo has sentido? Hay un significado de trascendencia en este tercer tipo de motivación porque nos hace percibir que formamos parte de algo más grande que nosotros mismos.

Sin embargo, este tercer impulso requiere de las condiciones adecuadas para florecer: ¿Con quién te juntas? ¿De qué alimentas tu espíritu? ¿Qué lees, qué escuchas, qué ves? Solo si nos alimentamos de cosas positivas podemos encontrar nuestra motivación trascendental. Por el contrario, la gente con actitud negativa no se siente con ganas de buscar nuevas metas o algo que le anime porque no creen que sea posible disfrutar la vida o piensan que ni siquiera vale la pena intentarlo. Míralo así: alguien que solo habla de enfermedades, que solo ve lo malo en los demás y en el mundo, que no se rodea de actividades *nutritivas* para el alma, suele ser alguien que atrae a gente igual de negativa y repele a quienes están en un canal más positivo. ¿Qué prefieres? ¿Entablar una plática con alguien que puede hablarte de una buena obra de teatro y que le ve el lado optimista a las cosas, o platicar con alguien que siempre está al día en las noticias más negativas, escabrosas y nefastas, y que no sabe encontrarle algo bueno a la vida? Piénsalo: para encontrar una motivación y un objetivo trascendental en tu vida es necesario, entre otras cosas, rodearte de gente y de estímulos que promuevan tu creatividad, no al revés.

¿Te motiva el dinero?

Las compensaciones externas (como el dinero) no siempre garantizan que la gente realice sus tareas con entusiasmo o con un sentimiento de motivación duradera. Daniel Pink cita este interesante ejemplo: dos economistas suecos analizaron qué sucedería si se ofreciera dinero a la gente que voluntariamente dona sangre. A un primer grupo de donadores se le informó que la donación era voluntaria; un segundo grupo recibiría una mínima compensación monetaria; y un tercer grupo recibiría la misma cantidad de dinero pero con opción de donarla a una caridad. Los resultados fueron reveladores: tanto el primer y tercer grupos tuvieron una participación similar de donadores, por arriba del 50%, mientras en el segundo grupo la participación fue menor (30%). Esto demostró que las recompensas económicas no necesariamente motivan a la gente a ayudar, mucho menos en algo como donar sangre, que es una actividad ligada al altruismo. Hay actividades que nos hacen sentir bien por el simple hecho de aportar algo bueno a los demás.

Las empresas han comprobado el mismo efecto y por eso los CEO aún siguen averiguando cómo incentivar a su gente: el dinero no es un factor que motiva a los empleados a ser más creativos y a actuar con ética a largo plazo. Incluso, el dinero hace que la gente pierda la motivación original, pues una vez alcanzada la meta y recibida la compensación, la mayoría de los empleados no quiere hacer un esfuerzo adicional. Por el contrario, este tipo de *aliciente* resulta contraproducente porque genera comportamientos poco deseables, como la mala competencia o la falta de ética profesional. ¿Otros ejemplos? Los atletas de alto rendimiento que, por lograr un desempeño extraordinario y obtener mayores ingresos, llegan a inyectarse esteroides.

El dinero tampoco alienta la creatividad. Pink cita el estudio que realizó Teresa Amabile, investigadora de la Escuela de Negocios de Harvard, para demostrar el efecto del dinero en el proceso creativo. Le pidió a un grupo de pintores elegir veinte de sus obras, la mitad de ellas hechas por encargo y la otra mitad hechas por placer. Un panel de críticos de arte que no sabía de esta clasificación, tenía que señalar cuáles les parecían las obras más creativas. Eligieron, sin saberlo, las que no estaban hechas por encargo. Aunque en técnica no había distinción entre ellas, el estudio demostró que los artistas se sentían más limitados en su creatividad cuando les encargaban una pintura, pues el pago convertía su creación en trabajo y dejaban de hacerlo por placer.

Si lo que nos motiva solo es algo externo a nosotros, como el dinero, un título, o el reconocimiento de los demás, nuestra visión de las cosas será limitada: solo veremos el objetivo a corto plazo (el bono o la casa) y nos perderemos de ver el enorme mundo de posibilidades que tenemos alrededor. El dinero no debe ser una meta, sino una de las herramientas para alcanzar tus verdaderos y más profundos objetivos.

Tu motivación trascendental

¿Qué te reta intelectualmente? ¿Qué disfrutas hacer, con qué te pierdes en el tiempo y te sientes feliz, realizado? ¿Sientes que con esa actividad aportas algo de ti al mundo? No tiene que ser la cura para el SIDA ni un invento para ahorrar más luz, estoy hablando de lo que más disfrutas hacer y que te hace dar lo mejor de ti: ¿te sientes realizado cocinando?, deleita a los demás con tus platillos; ¿te gusta tocar el piano?, mejora tu técnica y ofrece un concierto... No es complicado: todos tenemos algo que nos gusta hacer, algo para lo que fuimos *llamados* y nos llena de entusiasmo. Escucha tu intuición y no pongas pretextos para dedicarte a eso que te apasiona tanto.

Ejercicio 6

Durante una semana, pon una alarma (en tu celular o el reloj) para que suene 10 veces al día, indistintamente. Cuando suene, anota lo que estás haciendo y cómo te sientes al respecto. Al final de la semana analiza tus anotaciones:

– ¿En qué momentos sentiste que fluías mejor con la vida?
– ¿Con quién estabas, dónde?

- ¿Con qué actividad te sentiste más feliz?
- ¿Puedes aumentar el número de momentos agradables y reducir aquellos en que te sentiste poco motivado?
- ¿En qué actividades te sentías más distraído o desconectado?
- Si has estado dudando sobre tu empleo actual, tu carrera profesional o algún proyecto personal, ¿qué te dice este ejercicio sobre tu verdadera fuente de motivación interna?

Trabaja en tu motivación

Ser profesional es hacer las cosas que amas hacer en los días que no te sientes con ganas de hacerlas.
—Julius Erving

El crecimiento personal, el goce de hacer lo que más te apasiona y llevarlo a un nivel trascendental, es resultado de un esfuerzo. Los grandes objetivos no se consiguen de la noche a la mañana, se trabaja en ellos todos los días dando pasos pequeños. Confía en que esos pequeños pasos te acercan cada vez más a tu gran objetivo. Lo dicen los músicos y los mejores deportistas: lo que importa es que el trabajo sea constante y duradero. No tires la toalla a la primera. Haz que el proceso de alcanzar tu meta sea disfrutable. Ten confianza y cree que con el trabajo diario enriqueces tus habilidades y tu meta se engrandece.

Recuerda que el goce está en perseguir la meta, esforzarse por algo es en sí mismo una motivación. La posibilidad de ser mejores en lo que hacemos cada día es infinita. La existencia sin esfuerzo es una existencia pobre, y tu actitud será reflejo de esa carencia.

Ejercicio 7

Los grandes logros (como ganar un maratón, dominar un nuevo idioma o dirigir un área importante en alguna compañía) no se dan de la noche a la mañana, para alcanzarlos y mantenerte motivado todos los días pregúntate antes de irte a dormir:

- ¿Algo de lo que hice hoy estuvo relacionado con mi meta o proyecto de vida? (¿Practiqué piano, repasé mi lección de francés, hice el mínimo de llamadas de venta que me propuse?)
- Las cosas que hago para alcanzar mi meta, ¿superaron las del día anterior?
- ¿Qué puedo hacer mañana para hacer mejor todo?

No olvides que no se trata de hacer las cosas a la perfección, sino de hacer todos los días algo, por mínimo que parezca, que te oriente a tu meta. Reconoce tu esfuerzo, no hay logros pequeños.

 La historia de Lang Lang

A sus 28 años de edad, Lang Lang es considerado el pianista más virtuoso de nuestra época. Ha vendido millones de discos, ha dado conciertos en todo el mundo y ha tocado con las orquestas y filarmónicas más importantes. Tocó para la ceremonia de premiación del Nobel de la Paz, el presidente Obama, y ha dado conciertos ante grandes personalidades y líderes mundiales. Sin embargo, en su autobiografía titulada Un viaje de miles de kilómetros, *Lang confiesa que su niñez fue muy dura por la presión que ejercieron sus padres para que fuera el mejor pianista. A los tres años comenzó a tomar clases de piano y lo obligaban a practicar más de ocho horas diarias. Lang Lang asegura que el piano es su gran pasión, pero hasta ahora ha empezado a disfrutarlo, ya que sus padres no están empujándolo a ser pianista; él ha decidido serlo porque le provoca mucha satisfacción. De esta*

gran pasión ha surgido una motivación superior *para seguir tocando: sabe que es la inspiración de más de 40 millones de niños chinos que quieren tocar como él. Gracias a su éxito ha creado la Fundación de Música Internacional Lang Lang dedicada a recaudar fondos para las futuras generaciones de músicos.*

Ama lo que haces (aunque no sea lo que más te guste)
Es cierto, tener una motivación trascendental o un proyecto que le dé sentido a tu vida es lo que la mayoría de las personas anhelamos y continuamente nos quita el sueño. Muchos dicen que sería fácil descubrir su proyecto de vida o dedicarse a este si pudieran hacer a un lado sus obligaciones cotidianas que tanto los ocupan y desmotivan. *Si no tuviera que trabajar o encargarme de mis hijos, tendría tiempo para hacer lo que realmente me gusta*, dicen algunos. En realidad, son pretextos para evadir el hecho de que no encuentran su verdadera motivación ni quieren comprometerse con un proyecto de vida.

Las tareas y obligaciones cotidianas son ineludibles, ¿podríamos encontrar una forma de disfrutarlas? En tu actitud está la respuesta para encontrarles el lado más divertido y original. Convierte tu trabajo en juego, busca nuevos retos en tus tareas y dale elementos más *placenteros* a lo que tienes que hacer. Por ejemplo, pon música mientras recoges la casa, rétate a terminar tus tareas en menos tiempo o toma un pequeño curso de electricidad para que la próxima vez que cambies un foco no pases tantos corajes. Hacer las cosas de otra manera siempre te ayuda a que dichas tareas sean más gozosas; si les metes actitud a tus obligaciones, es posible que encuentres *revelaciones* interesantes que aporten nuevas ideas a tu proyecto de vida.

Equilibra los deberes de la vida con los placeres, con lo que te motiva y enriquece. Esa es tu tarea: no esperes que alguien más venga a decirte o a ayudarte a encontrar tu propósito. Encuéntralo escuchando tu intuición, y ten actitud optimista frente a tus obligaciones cotidianas.

No te olvides de los demás

Para que una motivación sea duradera, debe servir para conectarnos con los demás. Ninguna actividad individual puede hacerte sentir plenamente satisfecho si no aporta a los demás algo de ti. ¿De qué serviría que Lang Lang fuera un gran pianista si nadie pudiera escucharlo o enterarse de su existencia? No es una cuestión de reconocimiento, sino de compartir tu *don* con los demás. Tenemos una especie de *obligación* con el Universo de compartir nuestros talentos, de sumarlos con otros y provocar con ellos más placer y alegría en el mundo. El altruismo es un buen ejemplo de motivación en el que muchos encuentran una profunda satisfacción al aportar su tiempo y sus talentos para una *causa* mayor.

Una vida con propósito es hacer que tu existencia haga la diferencia en la vida de alguien más.

 La historia de Rocío

Rocío es una mujer que hasta hace poco se sentía muy deprimida. A sus cuarenta y tantos años tenía una hija, un marido y una casa que atender, pero algo le faltaba. Fumaba mucho y se sentía frustrada. Empezó a tener algunos desajustes nerviosos y una actitud muy pesimista. No le veía el chiste a nada, le faltaba una motivación. Se sentía culpable de que ni su hija ni su familia le provo-

caran ese impulso que tanto necesitaba para vivir. Le recetaron antidepresivos que le ayudaron a calmar su ansiedad, pero no fue la solución. Un día la invitaron a participar en un grupo de la iglesia que llevaba comida a los ancianos de escasos recursos. Eso empezó a cambiarle la vida (y la actitud): comenzó a sentirse motivada y empezaron a ocurrírsele nuevas ideas. Se sentía útil y con un propósito superior a ella misma. Una cosa llevó a otra, y hoy día la labor comunitaria en su colonia la mantiene motivada, alejada del cigarro y de los antidepresivos.

3. Meditación: el poder del silencio interior

Cambiar hábitos y rutinas requiere determinación, esfuerzo y constancia. La inspiración para hacerlo son tus metas, pero necesitas energía para lograr todos estos cambios. No es posible modificar tu forma de ver la vida si en tu interior no hay balance y serenidad para ver con claridad y responder con sabiduría a los retos y las adversidades. Una de las mejores formas para encontrar el equilibrio interior y mantenerte en tu centro es la meditación. Aunque no es la única forma de traer más serenidad a tu vida, me atrevería a decir incluso que es uno de los métodos más completos e integrales que puedes practicar. Puede haber variantes en el método, pero la esencia es la misma y sus beneficios se notan en todos los aspectos de tu existencia: espiritual, mental, emocional y físico.

Dice el Dalai Lama que así como el agua en una hidroeléctrica tiene que ser canalizada para generar energía, necesitamos canalizar las energías de la mente para utilizarlas a nuestro favor. La meditación es la forma ideal de hacerlo: en vez de desgastar tu energía en pensamientos negativos, meditar te ayuda a ser más sabio, a ejercer el buen juicio, a no engancharte con los problemas, a ser empático con las personas y bondadoso contigo mismo. Digamos que ayuda a tener un gran sentido común, lo cual, irónicamente, no siempre es fácil. Además, la meditación nos ayuda a buscar el bien común, más allá de la propia satisfacción personal. ¿No sería esto una gran actitud?

Ni de monjes ni de budas...
Muchos creen que meditar significa convertirse en budista, cambiar de religión, vestirse de blanco todos los días, dejarse crecer la barba o el cabello, y tirarse por horas en el suelo con incienso a un lado diciendo OM. En realidad, meditar es aprender a estar en silencio y a aquietar la mente para enfocar toda nuestra atención en el momento presente. Las malas actitudes tienen su raíz en el miedo y el enojo. Al cultivar una mente y un corazón serenos, minimizamos el enojo y el miedo, y podemos actuar con una actitud más tranquila. Uno de los grandes poderes de la meditación es que, a través del silencio interior, puedes ver el mundo con ojos más amables. Si bien no es tan sencillo andar por la vida en un estado permanente de paz, es posible procurar que estos estados se den con más frecuencia gracias a la práctica de la meditación.

    La práctica cotidiana de la meditación te ayudará a entrenar tu mente para debilitar actitudes negativas y reforzar las positivas. Meditar sintoniza al cuerpo con las emociones y la mente. Si a veces no sabes por qué te sientes nervioso, angustiado o te falta el aire, con meditar podrás descubrir la conexión entre tus sensaciones y pensamientos, y entender por qué te sientes de cierta manera. La meditación también te ayudará a aceptar las cosas como son, sin juzgarlas o etiquetarlas como buenas o malas. Es una práctica que puede realizarse en cualquier momento del día y en cualquier lugar: en el coche, en la regadera, mientras te vistes, antes de dormirte... Por supuesto, tiene su chiste y requiere que sigas algunos pasos que aquí vamos a repasar.

Sus beneficios

- **Reduce el estrés.** Quienes meditan con regularidad, al cabo de seis semanas empiezan a mostrar menor actividad en su sistema inmune y menos reacciones estresantes ante una situación desagradable.
- **Mejora condiciones físicas.** Pacientes con fibromialgia y soriasis, de la Escuela de Medicina de Emory, en Atlanta, mejoraron su condición luego de meditar seis semanas.
- **Te hace más optimista**. Un estudio de la Universidad de Wisconsin confirmó que después de ocho semanas de meditación los pacientes mostraban un incremento en la actividad eléctrica del lóbulo frontal del cerebro, área más activa en la gente optimista.
- **Claridad mental**. Te ayuda a observar con objetividad tus emociones *desagradables* (tristeza, ansiedad, enojo) para entender qué las está provocando y poder desengancharte de ellas. Por consiguiente, te ayuda a mejorar tu estado anímico y tu actitud.
- **Controla la ansiedad.** Muchos médicos recomiendan la meditación a sus pacientes, pues está comprobado que ayuda a reducir los niveles de ansiedad, que es el principal disparador de comportamientos obsesivos, como fumar, comer compulsivamente, tener adicciones.
- **Estimula tus hormonas.** Meditar interviene en la química del cuerpo; estimula y favorece hormonas relacionadas con el sistema inmune, con el sueño, la depresión, el dolor y hasta la hormona del crecimiento y el envejecimiento.
- **Armoniza tu cerebro.** No solo estabiliza los químicos del cerebro, sino que armoniza los hemisferios cerebrales, lo que implica importantes cambios fisiológicos. Al meditar, utilizamos el hemisferio derecho y se activan las ondas alfa, relacionadas con la creatividad, la relajación y la calma.
- **Aumenta los niveles de pH del cuerpo.** Se ha visto que

personas con enfermedades como cáncer o diabetes tienen un pH ácido. La práctica regular de meditación modifica estos niveles a neutral o alcalino.
- *Te limpia de la* **contaminación mental.** Barre los pensamientos negativos, las ideas y conceptos que te hacen daño; ayuda a tener una mente más clara.

Medicina milenaria

Hay muchas técnicas para entrenar la mente y transformarla a tu favor. De hecho, la relajación, la oración, la visualización y la hipnosis son otros métodos que implican estar atentos y enfocados en algo concreto, por lo que comparten con la meditación algunos principios. La meditación surgió hace unos cinco mil años en la India. Después, el budismo propagó la práctica a China, el Tíbet, Japón y otros sitios de Asia. Pero fue apenas en el siglo pasado que médicos, científicos y filósofos la trajeron a Europa y Norteamérica, pues encontraron en la meditación una respuesta que no les proporcionaba la ciencia; esa explicación espiritual que hacía falta y que completa la comprensión sobre cómo estamos integrados los seres humanos. Era necesario entender cómo la mente era capaz de modificar conductas, sensaciones, emociones y, por ende, mejorar (o empeorar) la salud física. Las dos grandes visiones: la científica en Occidente, y la espiritual en Oriente, se complementaron y por ello en la actualidad las prácticas budistas, hindúes o taoístas han sido tan bien recibidas en el mundo occidental, especialmente por científicos y médicos que reconocen su gran efecto terapéutico y en el bienestar de las personas. Muchas de las universidades más importantes del mundo cuentan con áreas o departamentos dedicados al estudio y la práctica de técnicas de meditación con el fin de comprender mejor la relación mente-cuerpo.

Recuerdo que cuando visitamos a los neurólogos que atendieron a mi papá y detectaron su tumor, le recomendaron, entre otras cosas, que aprendiera alguna técnica de meditación. Mi mamá, quien ha padecido lupus por años, también ha visto grandes beneficios en su salud gracias a la práctica de Tai-Chi. Y yo, qué te digo..., comencé a practicar yoga y logré sintonizar mejor mi cuerpo con mi mente y mi espíritu, y la meditación calmó la ansiedad que tenía cuando no lograba embarazarme.

Más fácil de lo que crees
Hay que tener una fe inteligente en el valor de la meditación, dice el Dalai Lama. Si los conceptos de *iluminación*, e*levación* o *purificación* que rodean a la meditación te suenan muy *hippies* o extravagantes, no deseches por ello la práctica. La meditación es una actividad mucho más mundana de lo que algunas personas suponen. Dale una oportunidad a la meditación de demostrarte lo mucho que puede hacer por tu serenidad y tu actitud. Aunque requiere de cierta técnica, una vez que la domines esta ya no será tan necesaria. Hay meditaciones más dinámicas que otras, donde la danza o los ejercicios ayudan a aflojar al cuerpo para que este recupere su flexibilidad y la columna se libere de su rigidez. Cuando mueves la energía vital, la mente detiene el parloteo. Están las meditaciones pasivas, como la que practican muchos yoguis sentados en el suelo por largos periodos. Sin embargo, te repito, este es un camino muy individual y lo recomendable sería que pruebes y elijas el método que mejor te haga *click*. Aunque hay muchos estilos, la meditación no requiere que tomes cursos ni que vayas a ninguna parte en especial. Puedes empezar ahora, donde estés, y adaptar la práctica a tu vida cotidiana.

Empieza a meditar
- Elige un lugar silencioso y una postura cómoda; sentado, de preferencia (para que no te quedes dormido) en una silla o en el suelo, con la columna derecha.

- Coloca tus manos sobre tus muslos, junta las palmas a la altura del pecho (como en rezo), o pon la mano izquierda cuatro dedos abajo del ombligo y encima la derecha. Toca entre sí los dedos pulgares formando un triángulo alrededor de tu ombligo.
- Cierra tus ojos sin apretarlos o déjalos ligeramente abiertos.
- Concéntrate en tu respiración: lenta, larga y continua; inhala y exhala por la nariz.
- Aquí viene lo bueno: trata de enfocar tu atención en un punto entre tus cejas o en un objeto que *veas* en tu mente. Hay quienes meditan con los ojos abiertos, fijando la mirada en un objeto (una vela, una imagen, una mancha en la pared). Si eres principiante, te sugiero hacerlo con los ojos cerrados para evitar distracciones.
- Observa cómo te sientes y qué pensamientos aparecen. No luches con ellos, si llegan, déjalos estar pero *no les contestes*; eso es lo más difícil, pero si practicas seguido lo irás logrando. Lo importante es convertirte en observador de tus pensamientos, de lo que pasa en tu cuerpo y tu corazón.
- Tus primeras prácticas pueden ser muy cortas, de 3 o 5 minutos. ¿Cuándo estás listo para aumentar el tiempo? Cuando el tiempo no te pese, es decir, cuando puedas estar 5, 10 o 15 minutos meditando sin que la práctica se te haga eterna.
- De preferencia, hazlo por las mañanas, que es cuando estás más descansado, tu mente está más aguda y tienes más energía.
- Si estás interesado en tener un maestro o alguien que te guíe, elige bien a la persona, no solo por sus credenciales sino por su comportamiento. Prueba, ve conociendo gente hasta que hagas *click* con el maestro adecuado.

*Confía en que la meditación te ayudará a
alcanzar cualidades a las que aspires
(bondad, tranquilidad, gratitud, amabilidad).
Si practicas con el debido esfuerzo, lograrás
la flexibilidad de mente que necesitas
para librarte de tus pensamientos negativos.
La meditación puede ser una práctica cotidiana
para la buena actitud.*

4. No te alimentes de malas noticias
Te despiertas en la mañana y lees en el periódico: *Tres asesinatos en el norte del país*; *Decomiso de armas*; *Se escapan reos*. Vas en el coche y oyes: *La economía sigue sin crecer, se pierden más empleos*. Antes de dormirte, en la cama, dicen en la tele: *Terremoto sacude el sur del continente y deja varios heridos*; *La influenza nos ataca de nuevo*. Al día siguiente, te despiertas y se repite la misma historia: *México es el país con más obesidad y diabetes*; *En el mundo hay más cáncer*..., y así continúa, día tras día, la información negativa bombardeándonos por todos lados. Pareciera que hay demasiadas cosas que temer en el mundo, y si nos tomamos todo a pecho, tal vez un día no querremos salir de casa ni volver a comer nada más que peces del fondo del océano (por aquello de los pesticidas o las hormonas en los alimentos). ¿No crees que tanta información negativa repercuta en tu actitud? La respuesta es contundente: sí. El exceso de noticias negativas afecta poderosamente nuestro estado de ánimo y la forma como vemos el mundo.

Según la psicología, hay evidencia de que los seres humanos nos sentimos más atraídos por la información negativa que por la positiva. Esto se debe a que estamos diseñados para responder con mayor velocidad a lo negativo por una cuestión de supervivencia. Nuestro sistema *prefiere* los estímulos que nos alertan cuando hay peligro. A nivel cerebral se ven estos mecanismos: cuando nos formamos una impresión de alguien, la evaluamos dándole mayor peso a sus aspectos negativos. Cuando le buscamos explicaciones a las cosas que nos suceden, le dedicamos más energía a lo malo que a lo bueno. Esta tendencia es una cuestión de evolución, y el mismo Darwin ya hablaba del tema. De todo esto, lo más revelador y que tiene que ver con la actitud es que cuando nuestro estado de ánimo es pesimista, nuestra inclinación hacia lo negativo se intensifica. Algo así como *lo negativo atrae más negativo.* ¿Qué atraes para ti?

La negatividad atrae más negatividad

Si una persona que siempre ve el vaso medio vacío se la pasa viendo noticias pesimistas, terminará el día sintiéndose más triste, decepcionada, amargada y convencida de lo miserable que es el mundo y su existencia. Los eventos negativos que nos provocan miedo dejan un rastro indeleble en nuestra memoria, cosa que casualmente no sucede con los eventos positivos. ¿Cómo podemos evitar caer en un círculo vicioso negativo? Sería absurdo querer ignorar los acontecimientos desafortunados o evadir la realidad a toda costa, pero hay que preguntarse ¿cómo percibimos la realidad? ¿Con qué actitud evaluamos lo que sucede? En Inglaterra, por ejemplo, se demostró que la percepción de las personas no siempre correspondía a la realidad; de acuerdo con un sondeo de Ipsos Mori, agencia británica de investigación, 83% de los ingleses creía que el crimen estaba en aumento en su país, cuando de hecho había disminuido un 12%. Casi la mitad de estas personas tenía esa percepción por lo que leía en los periódicos.

Recuerdo que cuando conocí a mi suegro me llamó la atención saber que había puesto una regla en su casa: estaba prohibido hablar de malas noticias y enfermedades a la hora de la comida. Al principio se me hizo rarísimo y hasta ridículo, sobre todo considerando que en mi casa mi mamá se encargaba de hacer *precisamente lo contrario. Con el tiempo, comprendí que la regla en casa de mi suegro tenía un efecto muy positivo y era menos absurda de lo que yo imaginaba: que sucedan muchas cosas negativas en el mundo no significa que debamos estar hablando siempre de ellas. Si el mundo afuera ya se encargaba de proporcionarnos tanta información poco inspiradora, ¿por qué no intentar, en nuestro círculo más personal, equilibrar esa información con noticias más alegres? Mi suegro era un experto en hacerlo: compraba historietas de Mafalda (no evadía al mundo, se reía de él...), nos leía notas curiosas y alegres, traía a la casa discos, películas y libros sobre la risa, la felicidad, las bellas artes, y hasta contrataba músicos y artistas para entretener a la familia y a los amigos... Era su manera de compensar lo terrible que sucedía afuera y, gracias a eso, para él y para su familia el mundo **sí** es un gran lugar para vivir.*

Opta por buenas noticias

Mucha gente está cansada de tantas noticias desalentadoras y quiere escuchar información más alegre, que devuelva la confianza de que el mundo no es tan cruel después de todo. Violencia, terrorismo, guerras, enfermedades, asesinatos, secuestros, catástrofes naturales... Innegable su existencia, pero ¿no pasan otras cosas un poco más alegres? El *Good News Network* (www.goodnewsnetwork.org o canal de buenas noticias), es un canal en internet que desde 1997 ofrece solo buenas nuevas, es una de tantas respuestas a esta necesidad. El 11 de septiembre de 2001, luego de los ataques en Nueva York, este sitio registró el mayor número de visitas que ha tenido en su historia, lo que significa que la gente busca mejor inspiración en las noticias. Geri, su fundadora, afirma que su objetivo es *ofrecerle a la humanidad una dosis de noticias positivas*: niños que ayudan al chofer del camión escolar cuando sufre un ataque cardiaco; funcionarios públicos que salvan a mujeres de un incendio; un estudiante australiano que construye la primera escuela nocturna a base de celdas solares en África; un estudio que demuestra que la muerte por leucemia en niños está disminuyendo; una británica que se convierte en la primera mujer que cruza esquiando sola la Antártica... Noticias buenas hay muchas, siempre, todos los días. Y si nos alimentamos de ellas, equilibraremos los aspectos negativos que no podemos ignorar.

Vive sin miedo

Decía el presidente de EU Franklin D. Roosevelt que a lo único que debemos tenerle miedo es al miedo, porque nos paraliza. Tanto pesimismo puede ser paralizante. Pero no tengas miedo de salir a la calle, no se puede vivir así. Confía en el mundo y analiza de qué alimentas tus pensamientos y tu actitud. Si te acostumbras a ver o escuchar solo malas noticias, estas se convertirán en los lentes con los cuales ves la realidad.

Susan Sontag, en su libro *Ante el dolor de los demás*, afirma que las imágenes de violencia no solo promueven más violencia, sino que además fomentan la indiferencia. Ante las desgracias ajenas nos vamos haciendo una capa protectora y perdemos la capacidad de asombro. Ya no nos conmueve ver todos los días imágenes de dolor, lo que alienta una actitud de indiferencia y de nula compasión. A la vez, nos provoca una especie de apatía, una actitud nada propositiva que nos hace creer que no hay nada en nuestras manos que podamos hacer para mejorar las cosas. Sin embargo, y lo veremos en el último capítulo, si empezamos a creer lo contrario y sumamos entre todos una mejor actitud se vería un gran cambio en el mundo y muchas de estas noticias simplemente no sucederían.

Así que replantéate qué tanto lees, ves o escuchas malas noticias durante el día, y bájale a la dosis, mantente informado pero elige bien tus fuentes de información; sobre todo, no te lleves a la cama estas noticias. Si es tu vicio hacerlo antes de acostarte, al menos procura leer al final algo positivo o cambiar de canal los últimos cinco minutos para que te quedes con una imagen más positiva. Aliméntate de música, de arte, de buenas conversaciones y atraerás a tu vida más optimismo.

4

CAMBIA TUS PENSAMIENTOS Y DEJA DE PREOCUPARTE
(o cómo tener una actitud relajada)

No podemos resolver los problemas pensando de la misma manera que cuando los creamos.
—ALBERT EINSTEIN

1. Esa vocecita interna... Ponle un alto a los pensamientos negativos

El bienestar mental es la capacidad de reconocer y utilizar tus habilidades para lidiar de manera más saludable con las adversidades y todo aquello que te genera estrés. Actitud no es sinónimo de optimismo exagerado o poco realista. Tener una actitud mental positiva no significa creer obsesivamente que todo va a estar bien con solo desearlo, se trata de enfocarse en los aspectos positivos de las situaciones en vez de ver solo lo negativo.

Entrenar tu mente para tener una actitud mental positiva significa eliminar el mal hábito de responder negativamente a las situaciones. Martin Seligman, padre de la psicología positiva, afirma que con la práctica es posible aprender a ser más optimistas. Ese parloteo negativo en nuestra cabeza, como pensar que no somos buenos en algo, que la gente no aprecia lo que hacemos, o que el mundo es un lugar terrible para vivir, puede detenerse si lo confrontas con ideas contrarias: *soy bueno en esto, lo que hago tiene mucho valor.*

Cuando te abruman las ideas fatalistas, cuando te imaginas que algo malo va a sucederles a ti o a tus seres queridos, entras en un círculo vicioso de negatividad: si tu hijo no ha llegado de la fiesta, piensas que algo malo le pasó en el camino, y te inventas una serie de cosas espantosas que responden a tus miedos y que alimentan tu mente de imágenes destructivas. ¿Por qué es más difícil pensar que está bien, que si no contesta el teléfono seguramente es porque no lo oye o se le acabó la pila? Una de las frases más optimistas a las que puedes recurrir es la de *Todo está bien*. Es difícil creer que todo está bien cuando estamos nerviosos y preocupados por alguien que no ha llegado a casa, mientras nos sudan las manos imaginando cosas horribles. *Todo está bien* parece no hacernos *click* en esos momentos de angustia, y por eso no nos resulta una idea convincente. Sin embargo, hay que hacer el ejercicio: repetir la frase, visualizar que *todo está bien*, y respirar lenta y pausadamente para empezar a convencernos de que *todo está bien*. Nada de lo que te estés imaginando es verdadero, está en tu mente, y mientras no recibas una mala noticia tienes que agarrarte de lo que sí estás seguro: que en ese momento, *todo está bien*. Confiar en que, pase lo que pase, saldrás adelante.

Haz a un lado las preocupaciones
Si no rompemos el círculo vicioso, si no les ponemos un alto a esos pensamientos, seguiremos alimentándolos con nuestra ansiedad y nuestro miedo. Hay que parar la piedrita que traemos en la cabeza y tranquilizarnos, cambiar esos pensamientos negativos por sus contrarios: *me siento mejor, mi familia está bien*. Fíjate cómo es importante no usar frases que contengan palabras negativas, no es lo mismo decir: *todo está bien* que *no me va a pasar nada malo*, o *mi salud va a mejorar* que *no voy a tener ninguna enfermedad*. Cuando repites frases que contienen palabras con connotación negativa (*no, malo, enfermedad*), de cierta manera sigues reforzando

en tu mente las ideas que te preocupan (*enfermedad, malo*). Reprograma tu mente con ideas más bondadosas, alegres, que te hagan sentir mejor.

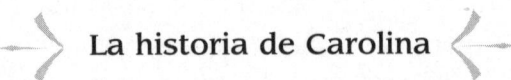
La historia de Carolina

Carolina es una mujer muy preocupona, obsesionada con los pensamientos fatalistas, razón por la cual era muy controladora con su esposo y sus dos hijas adolescentes. Todo el tiempo quería decirles lo que tenían que hacer. En realidad, su exceso de control era un mecanismo para lidiar con sus miedos y su angustia. Quería evitar a toda costa que algo malo le pasara a su familia, que se enfermaran gravemente o que tuvieran algún accidente. Se la pasaba diciéndole a su esposo cómo manejar, qué debía comer, y a sus hijas las controlaba todo el tiempo, no las dejaba cruzar solas la calle, quería seguir mandándoles lunch y las llevaba al médico al primer síntoma de enfermedad. El día que Gonzalo se enfermó y tuvo que pasar dos días en el hospital, Carolina no dejó de pensar en lo peor: ¿y si tiene cáncer?, ¿y si es leucemia?... Le atormentaba la piedrita en su cabeza y, en unas horas, ya se había imaginado un futuro devastador. Cuando los médicos diagnosticaron a su esposo, quien no tenía nada grave, Carolina volvió a respirar... Pero un mes después, una de sus hijas se enfermó y otra vez Carolina empezó a exagerar sus preocupaciones. La angustia la paralizó, le entró un ataque de pánico y se desmayó. El médico que la revisó le dijo que había tenido una crisis de ansiedad y le sugirió visitar a una terapeuta. En la primera sesión se soltó a llorar y le dijo:

—Vivo con mucho miedo de que algo malo le pase a mi familia, siempre estoy pensando en lo peor. Eso me tiene exhausta y no sé cómo parar.

La terapeuta le preguntó:

—¿En verdad crees que puedes hacer algo para evitar las enfermedades y los accidentes? Si así fuera, ¿crees que es tu responsabilidad evitar que sucedan cosas a tu familia?

Evidentemente, Carolina conocía las respuestas lógicas a estas preguntas, pero le parecía inevitable angustiarse; en su corazón y en su mente dominaban sus terribles ideas a las que se había acostumbrado por años. Ser preocupona y tener pensamientos obsesivos se habían convertido en su forma de ser. La doctora le enseñó a ver que ella no era sus pensamientos:

—Tú no eres tus pensamientos, por lo tanto no te identifiques con tus ideas.

Lo que más la agobiaba era creer que si seguía con sus pensamientos negativos, estos iban a ocasionar o a atraer esas cosas negativas de las que tanto huía.

—No somos tan poderosos como para hacer que algo le pase a alguien tan solo con pensarlo —le explicó la terapeuta. Así que le pidió que anotara en un cuaderno estas frases:

Yo no soy responsable de lo que pueda sucederle a nadie.

Todo va a estar bien.

Soy lo suficientemente fuerte para enfrentar cualquier adversidad.

Debía escribirlas todos los días, al despertarse, a medio día y antes de irse a dormir, y repetirlas en su cabeza cada vez que un pensamiento negativo le asaltara. Al principio, el método le pareció poco natural a Carolina y una manera muy forzada y simple de cambiar algo que tanto le agobiaba. Sin embargo, con este ejercicio, combinado con una sesión diaria de actividad física y de relajación, Carolina comenzó a ver buenos resultados y empezó a sentirse más tranquila, más confiada con la vida. En un mes mejoró su actitud y dejó de sentirse tan nerviosa. Se libe-

ró de la carga de sus ideas negativas y empezó a pensar más en Dios. Confió que Él o el Universo se encargarían de cuidar el equilibrio y el balance en su familia. El ejercicio le ayudó a liberar tensiones y con las prácticas de relajación logró dominar su nerviosismo. Ya no le sudaban las manos y las enfermedades dejaron de obsesionarla. Sus hijas y su esposo están muy bien, y ella se siente mejor.

Muchos de nuestros pensamientos negativos se relacionan con el miedo que tenemos a que nos sucedan cosas malas, pero, sobre todo, nos angustia pensar que no seremos capaces de enfrentar el dolor o el sufrimiento que esas cosas pudieran provocarnos. Vivir así, con miedo, es vivir temiéndole a la vida. En efecto, no podemos escaparnos de las adversidades porque la vida está hecha de todo tipo de experiencias. Con nuestros pensamientos no podemos controlar las cosas que pasan en la vida, pero sí podemos, con nuestra actitud y nuestros pensamientos positivos, cambiar la manera de sentirnos ante las cosas que no podemos controlar.

Sustitutos para los pensamientos negativos
1. No puedo con tanto, esto es demasiado - **Una cosa a la vez.**
2. ¿Por qué me hacen esto? - **La gente es como es y no voy a cambiarla.**
3. ¿Qué estarán pensando de mí? - **Lo que piensen de mí los demás no es de mi incumbencia.**
4. ¿Por qué a mí? - **¡Sí, yo!**
5. No puedo creer que me esté pasando esto - **Sí, esto está pasando y más vale que comience a aceptarlo.**
6. Esto es demasiado difícil - **Haré mi mejor esfuerzo.**
7. Esto no me gusta - **Esto es lo que hay.**
8. Nunca me salen las cosas bien - **Hice mi mejor esfuerzo.**

9. No quiero que pase nada malo - **Estoy bien, pase lo que pase.**
10. A nadie le importo - **Mi trabajo es preocuparme por estar bien.**

Lo que haces es lo que atraes
La clave para cambiar tu actitud negativa no radica en hacer un gran esfuerzo para sentirte, a partir de ahora, optimista, alegre, sereno, confiado. En lo que debes poner tu empeño es en actuar y pensar positivamente, la sensación llegará sola. Por ejemplo, si te cancelan una junta a último minuto y eso te provoca un gran enojo porque tuviste que correr para llegar a tiempo y perderte la clase abierta de tu hijo, no te esfuerces por sentirte bien negando tu enojo en *aras* de cambiar tu actitud; mejor actúa, piensa en cómo aprovechar ese tiempo que ahora tienes libre para hacer algo más creativo o para terminar algún pendiente. Toma otra acción que te ocupe y distraiga, haz otra cosa en lugar de engancharte en tu enojo y repetirte en la mente una y otra vez lo que acaba de ocurrirte. En lugar de enojarte porque tiraste el café, límpialo; en lugar de compadecerte de ti mismo porque no dormiste bien y tienes mucho trabajo, ponte a trabajar y deja de quejarte. No alimentes tu actitud quejumbrosa ni de víctima, esfuérzate por actuar de forma más constructiva. Pensar que quieres ser más optimista no te hará más optimista, actuar es lo que genera el cambio, los pensamientos solo nos impulsan a la acción. En el hacer está el verdadero inicio. Cuando comienzas a hacer cosas para cambiar tu actitud, empezarás a cambiarla y a sentirte mejor. Cuánta gente conoces que se la pasa pensando cómo va a hacerle para sentirse más optimista, de mejor humor, pero de hecho no hace nada para empezar a lograrlo. Bastaría con que salieran a la calle a caminar y respirar el aire fresco, que sonrieran a las personas con las que se vayan encontrando en el camino. Por el contrario, se quedan tirados en el sillón, fantaseando

que *algún día* despertarán siendo más optimistas o que un acontecimiento importantísimo en sus vidas vendrá a inyectarles el buen ánimo que les hace falta. Ninguna de esas cosas geniales y majestuosas que vienen a transformarnos la vida sucede si nos quedamos inmóviles, si no actuamos para atraerlas. El secreto de la Ley de atracción lo dice así, pero mucha gente lo malinterpreta: no se trata de pensar fervientemente cuánto deseas algo para que ese algo se te dé, debes actuar como si ya tuvieras eso que tanto deseas. Actuar de una forma para que, en consecuencia, empieces a sentirte así. Sentirte positivo es resultado de actuar positivo. Suelta este libro y empieza a actuar con optimismo; preocúpate más por hacer que por cómo te sientes. Tus acciones tienen el poder de transformar tus emociones: si te quedas un minuto fingiendo una sonrisa, al cabo de ese tiempo empezarás a sentirte un poquito mejor.

Sé paciente
Cambiar tus pensamientos puede parecerte algo poco natural, muy mecánico; al principio te sentirás incómodo, pero recuerda cómo fue cuando aprendiste a andar en bici, no lo hacías naturalmente hasta que después de mil repeticiones, el esfuerzo se convirtió en algo más natural. Lo mismo pasará con tu actitud, tus pensamientos negativos irán transformándose poco a poco en más optimistas; se convertirán en una segunda naturaleza, y cada vez que te caches teniendo pensamientos negativos, aprovecha la oportunidad de poner en práctica todo lo aprendido: sonríe, respira, cámbiate de frecuencia, piensa mejor. Si estás ante un problema, centra tus pensamientos en la solución, no en el problema, y sustituye un pensamiento negativo por su contrario; entre más lo practiques, más empezará a salir lo positivo de forma natural y la buena actitud llegará por añadidura.

2. ¡Basta de dramas! Empieza a reírte de ti

El buen humor es, en la mayoría de las personas alegres, el satisfactorio resultado de una tenaz disciplina.
—Edwin Percy Whipple

Tener sentido del humor es cosa seria. El humor es tan importante como tener una buena salud física: fortalece la salud mental y es básico para una actitud optimista ante la vida. Hay que aprender a reírse de uno mismo y a no tomarse las cosas tan en serio.

Un día sin reír es un día perdido.
—Charles Chaplin

Empieza por reconocer que no eres perfecto y nadie está esperando que lo seas. Acostumbramos ser nuestro más duro juez, pero si te liberas de tus exigencias podrás relajarte y darte la oportunidad de reírte de tus errores, de las cosas absurdas que te pasan, de los tropezones y las cosas ridículas y divertidas de la vida. Seamos menos exigentes y menos rígidos y volvamos a divertirnos como cuando éramos niños. El sentido del humor, sobre todo si lo tienes contigo mismo, te libera de las ataduras que te limitan, de esas ideas negativas sobre ti mismo. Cuando tienes expectativas poco realistas de ti, cuando quieres ser lo que no eres (perfecto), solito te atas a estas ideas equivocadas, no te permites cometer errores y eres muy duro contigo mismo. Hay que relajarse, ser más condescendientes con nosotros para poder andar por la vida con buen sentido del humor. Responder a las circunstancias con humor significa renunciar al orgullo y dejar de estar a la defensiva.

El sentido del humor se cultiva, aunque muchos nacen más predispuestos a él por ser parte de su carácter; otros pareciera que lo traen en las venas, son personas naturalmente graciosas, ocurrentes y muy divertidas. Es el tipo de personas de quienes quieres rodearte porque te inyectan su buena vibra, son entusiastas y saben reírse de las cosas, sin ser groseras; fíjate, y por lo general, estas personas saben hacer bromas de sí mismas. Ojo: no confundas el sentido del humor con el sarcasmo ni con las agresiones disfrazadas de *broma*. Hay gente que es espontánea y natural para decir cosas simpáticas y atinadas, y en definitiva traen el buen sentido del humor en su ADN. Sin duda, no todos nacimos con el mismo don, pero hay mucho que podemos aprenderle a estas personas. Si tienes actitud y voluntad para ser más relajado y *cool*, podrás desarrollar poco a poco tu sentido del humor.

La risa: medicina gratuita y poderosa

El sentido del humor es bueno para el cerebro y la mente, pues cuando te sientes alegre o ríes se liberan endorfinas y dopamina (la hormona de la felicidad). El sentido del humor provoca cambios fisiológicos en los sistemas cardiovascular e inmunológico. Está comprobado que la risa ejercita y relaja los músculos, mejora las funciones cerebrales, aumenta la longevidad, incrementa el ritmo cardiaco, mejora la presión arterial, incluso disminuye el estrés porque baja los niveles de cortisol (la hormona del estrés). Por eso, reírse y tener sentido del humor se prescribe como medicina preventiva para la ansiedad y la depresión. Además, si tenemos sentido del humor nuestra autoestima se eleva, ya que experimentamos una sensación de gran vitalidad y esperanza. El humor te empodera y te ayuda a lidiar con las adversidades.

Un estudio realizado por psicólogos se propuso demostrar la relación directa que hay entre el acto mecánico de sonreír y la sensación de bienestar que se produce en el cerebro. Pusieron a un grupo de gente a ver caricaturas para que evaluaran qué tan divertidas eran. A la mitad de la gente se le pidió que mientras las veían sostuvieran un lápiz entre los labios, lo que forzaba físicamente a fruncir los labios y el ceño. A la otra mitad se le pidió que sostuvieran el lápiz entre los dientes, lo que simula una sonrisa. El resultado fue sorprendente: los que forzaron la sonrisa con el lápiz entre dientes se sintieron más divertidos con las caricaturas que los que fruncieron el ceño y los labios todo el tiempo. Esto demostró que el acto físico de sonreír provoca que te sientas más feliz o alegre.

Sin duda, ciertas posturas o expresiones físicas pueden tener un reflejo en tu estado de ánimo. Otro estudio psicológico realizado en Alemania sirvió para analizar cómo eran las posturas y la forma de caminar de pacientes diagnosticados con depresión y personas sin este diagnóstico. Los pacientes depresivos caminaban más lento, balanceando mucho menos sus brazos que los que tenían un estado emocional alegre. Su postura era más inclinada hacia delante, más agachada. Haz la prueba: siéntate con los hombros aventados hacia delante, la espalda curveada y la cabeza hacia abajo, notarás que no te sientes muy alegre que digamos después de un minuto. Cambia la postura, endereza la espalda, echa los hombros hacia atrás y sostén en alto tu cabeza por un minuto. Notarás una gran diferencia en tu estado de ánimo. Sonreír, fruncir el ceño o alterar una postura puede tener un impacto dramático en nuestra actitud y el tipo de pensamientos que navegan en nuestra mente. Además, ¡sonreír es contagioso!

Las siguientes palabras no son mías, son de una persona que amó la vida enormemente y que aún en medio de la agonía de un cáncer terminal tuvo la actitud para escribir estas líneas en los últimos días de su vida:

Una sonrisa no cuesta nada y da mucho. Enriquece a aquellos que la reciben. Toma un momento darla, pero en la memoria del que la recibe dura para siempre. Nadie es tan rico o poderoso que pueda vivir sin sonreír, y nadie es tan pobre, pues con una sonrisa puede ser rico. Una sonrisa crea la felicidad en la casa, fomenta el buen ambiente en el trabajo y es el símbolo de la amistad. Trae el descanso a los cansados, alegra a los desalentados; es el brillo del sol para los tristes y el mejor antídoto para nuestros problemas. Sin embargo, no se puede comprar una sonrisa, no puedes rogar por ella, pedirla prestada o robarla porque es algo que no tiene ningún valor a menos que alguien más te la regale. Algunas personas están demasiado cansadas para darte una sonrisa: dales una de las tuyas porque nadie la necesita tanto como el que no tiene nada más que dar.

Papá, gracias por estas palabras.

3. Deja de ser una víctima..., ¡ya no te tires al suelo!

Date cuenta de que si tienes el tiempo para lamentarte y quejarte de algo, entonces tienes el tiempo para hacer algo al respecto.
—A<small>NTHONY</small> J. D'A<small>NGELO</small>

Caerse está permitido, levantarse es obligatorio.
—P<small>ROVERBIO RUSO</small>

Hablando de problemas y cómo enfrentarlos, hay dos tipos de personas: las que deciden actuar y centrarse en las soluciones, y las que eligen quejarse, tirarse al suelo y lamentarse por su *mala suerte*. Es horrible estar escuchando a una persona que todo el tiempo se siente víctima de sus circunstancias: *¿Por qué me hacen esto a mí?*, *Si no fuera por los demás yo estaría mejor*, *Los demás tienen la culpa de esto*. La mayoría de la gente con pésima actitud es muy infeliz, se la pasa quejándose, echándole la culpa a los demás o sintiéndose avergonzada por lo que les pasa (*¡todo es mi culpa!*). Ser víctima de los demás o de ti mismo es pensar que no tienes el control ni la capacidad de hacerte responsable de tu vida y tus decisiones. Recuerda, aunque haya situaciones que no puedas controlar, sí puedes decidir qué actitud tomas ante ellas. ¿Cuántas veces te quejas en el día?, ¿cuántas veces culpas a los demás de tu suerte?, ¿cuántas veces te compadeces de ti mismo o te sientes culpable por todo lo que te pasa? Estas actitudes, además de hacerte daño, alejan a la gente. ¿Quién quiere estar con alguien que se la pasa quejándose todo el tiempo? Tú no querrías... Así que piensa si eres de los que ahuyenta a las personas con tu actitud.

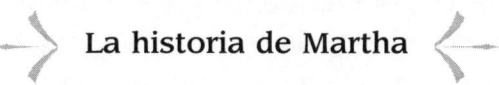
La historia de Martha

Martha es soltera, tiene 45 años y es una buena contadora. Le gusta aparentar que es muy feliz con su vida, por eso se le ve siempre alegre y dicharachera. Es la clásica que trae una estampita de optimismo en su coche y en su estatus en los chats o en las redes sociales siempre tiene alguna frase inspiradora y positiva. Sin embargo, su actitud demuestra lo contrario, aunque ella es la única que parece no darse cuenta. A pesar de que es muy amiguera, se la pasa quejándose todo el tiempo con sus amigos. Siente que todo el mundo la decepciona porque tiene demasiadas expectativas de los demás y no sabe aceptar a las personas tal como son. Últimamente la gente ha empezado a alejarse de ella, y en vez de reflexionar por qué, Martha comenzó a deprimirse y sentirse abandonada. Se siente víctima de la gente y no entiende por qué se alejan. El día que alguien se atrevió a decirle la neta, Martha se sintió muy ofendida y no lo aceptó.

Acepta las críticas constructivas
La actitud quejumbrosa o de víctima roba energía e impide tu felicidad. Cuando te dedicas a quejarte o a sentir lástima por ti mismo y culpas al mundo entero por lo que te está pasando, en realidad sueltas las riendas de tu propia vida pensando que no tienes el poder de manejarla, aunque estés

convencido de que haces lo contrario. Tú crees que te esfuerzas sinceramente, que haces las cosas con buena intención, que no te metes con nadie ni eres *mala onda*, pero aun así, *la gente* te decepciona, te hace malas jugadas y por eso *nada te sale bien*; crees que el mundo está en tu contra. Si sigues pensando así, nunca te harás responsable de tu propia vida. Analiza si hay algo en lo que la estás regando; aunque tengas buenas intenciones, probablemente no tomas las decisiones adecuadas y sin querer culpas a los demás por ello. O tal vez planeas demasiado las cosas sin tomar en cuenta que existen otros factores externos que no están en tus manos. Esto es muy frecuente en el trabajo: en tu escritorio planeas muy bien cómo vas a realizar equis tarea, te preparas y decides qué acciones debes tomar; sin embargo, en tu planeación no involucras a nadie, no haces trabajo en equipo porque quieres tener todo bajo control. Propones a tu jefe la solución a la que has llegado, pero él te indica que no la ve viable porque no tomaste en cuenta a los demás. Te sientes decepcionado, defraudado, crees que actuaste con buenas intenciones y, en cambio, tu jefe ha tirado tu propuesta a la basura. Regresas a tu escritorio y empiezas a convencerte de que eres una víctima, te sientes frustrado, en verdad querías hacer bien las cosas y *no te dejaron*. Te quejas porque tu jefe no te comprende, porque tus colegas no saben hacer bien las cosas y tú sí, y te encierras en esa actitud nefasta.

Es posible tener las mejores intenciones, pero estas no son suficientes si eres inflexible, si olvidas escuchar consejos y tomar en cuenta a los demás. No seas obstinado y aprende a recibir las críticas de manera constructiva, en lugar de pensar que *te están atacando*. Considera la posibilidad de que en esos comentarios haya algo de cierto, algo que tal vez no quieres ver, pero los demás sí notan.

5

La actitud en los tiempos de *la* cólera...
(de las crisis económicas, la inseguridad, el AH1N1, la gente tóxica...)

Todo puede serle arrebatado a una persona menos la última de las libertades humanas: la de elegir su actitud ante una serie dada de circunstancias, la de elegir su propio camino.

—Viktor Frankl

1. Vacúnate contra la gente *difícil*

 La historia de mi vecina histérica

Se escuchaban unos gritos tan fuertes que salí para ver qué sucedía. Era la nueva vecina gritándole a la portera porque le había salpicado sus ventanas con la manguera. Quise ofrecer mi ayuda (craso error), comenzó a gritarme a mí también y a decirme que ella no necesitaba ayuda de nadie. Su mal humor rayó en la imprudencia, faltándonos al respeto a mí, a doña Pascuala y a todo aquel que pasaba por ahí. Nos decía a gritos que ella era una mujer educada (¿¿??) que no se metía con nadie, pero su forma de decirlo demostraba lo contrario. Fue tan grosera que me cerró la puerta en la cara, dejándome con la palabra en la boca. Me quedé furibunda y con una muy mala vibra que solo el llanto me pudo calmar.

La historia de Manuel

Manuel salió enojado de su casa, frustrado por sus problemas económicos. Encendió el autobús que manejaba y se dirigió colérico a su trabajo. Cuando tomó una calle muy pequeña, notó que el tráfico estaba parado: los maestros de un kínder habían cerrado el paso para llevar a los pequeños alumnos al parque. Tocó el claxon a los maestros, quienes le pidieron que esperara, pero Manuel estaba tan histérico que se abrió paso aventándoles el camión. Su ira mató a tres niños.

Estamos en los tiempos de *la* cólera, como nombro yo a estos tiempos de tanta violencia que reflejan la gran ira que hay en el mundo entero. Hay gente muy enojada, *difícil* o tóxica, manipuladora, pesimista, frustrada y muy agresiva. La violencia de esta gente no es sólo física, también emocional; se convierten en vampiros emocionales que te chupan la energía todo el tiempo. Este pesimismo es contagioso, y lidiar con gente tóxica es complicado y desgastante. Si estás ante una situación así (un cliente, un colega del trabajo, tu mamá, la vecina, tu pareja), ten cuidado y aprende, con buena actitud, a manejarla.

¿Tóxico, yo?
La gente difícil nunca acepta su toxicidad, ni siquiera está consciente del impacto que su comportamiento causa en los demás. Por lo general son personas cuyo trato es rudo, son amenazantes, manipuladoras, y muy pero muy inteligentes. Saben darle la vuelta a las cosas, siempre tienen una respuesta inmediata ante las críticas; suelen juzgar mucho a los demás y a ver en los otros los defectos que ellos tienen. Son despiadados con sus críticas y hasta pueden ser muy mali-

ciosos. Utilizan su posición de poder para hacerte sentir mal: *Si me amaras harías lo que te pido, Pensaba que eras un amigo de verdad* o *Veo que no te importa tu trabajo y que me estás pidiendo a gritos que te despida*. Se la pasan imponiendo su visión del mundo, amenazan y se aprovechan de las personas más cercanas para cubrir su necesidad de ser agresivos. Recurren al miedo, la vergüenza o la culpa como estrategias para hacer sentir mal a los demás.

Para lidiar con ellos hay que trabajar mucho la asertividad, defender tus derechos y opiniones de forma activa, sin ser irrespetuoso (como dicen, *sin ponerte al tú por tú*). A la gente que es negativa, crítica y controladora debemos dejarla en paz, sortearla para no atravesarnos en su camino al menos mental y emocionalmente. Debemos asumir la parte que nos toca en todo esto: nuestro bienestar es responsabilidad solo nuestra; deja de culpar a la gente difícil por tu estado de ánimo. Aun cuando haya días que parezca imposible sacudirse la mala vibra que estas personas te *salpican*, no es sabio culparlos por cómo reaccionas tú. Siempre tendremos la opción de poner un alto y decirles, sin agredir, cómo nos hacen sentir; podemos retirarnos e ignorarlos por completo. Debes sortearlos para que no te contagien con su negatividad.

Estrategias contra los vampiros emocionales
No hay *spray* de teflón que puedas usar para que se te resbale la gente tóxica; aunque no puedas evadirlos, recurre a varias estrategias para evitar que te sigas desgastando.

1. ***Desarrolla tu empatía.*** Podrás pasarte días enteros analizando su comportamiento y aun así seguirás sintiendo rencor por el mal trato o la mala vibra que te causan. Mejor sé empático y piensa que su actitud se debe a su falta de confianza en ellos mismos; lo que necesitan es sentirse aceptados por los demás, y aunque no estás

para hacerla de terapeuta, puedes ganar más si atraviesas su duro caparazón y los escuchas con atención y les haces sentir comprendidos.
2. **No lo tomes personal.** La gente *difícil* suele tener contestaciones muy agresivas, críticas agudas y mucha falta de respeto. Si bien hay que ponerles un límite (*No me hables así*), nunca olvides que su actitud es así con todos, no eres tú la causa de su mal humor. Acepta que no saben expresarse de otra manera.
3. **Sé asertivo.** Hay una gran diferencia entre ser asertivo y ser agresivo; busca la manera de responder a sus malos comentarios sin ser agresivo o sin pagarles con la misma moneda. Tú no eres igual a ellos, actúas con más inteligencia.
4. **No te enganches.** ¡Es el consejo más difícil que me han dado! Pero es cierto: no te pases el día entero rumiando que fulanito te ofendió, que te quedaste sin las palabras *adecuadas* para responderle o dejarlo callado. Lo mejor es tratar de olvidar el asunto; desahógate con alguien, y luego camina, corre o grita a solas. Olvídate de esa persona, no permitas que su mala actitud te siga dañando.
5. **Trata a todos por igual.** El respeto debe estar siempre de tu lado. Te sentirás mejor si actúas con este principio en lugar de contaminarte con la rudeza de la gente tóxica. Tú estás por encima de las circunstancias, no te contagies y trata a todos como quieres ser tratado.
6. **Practica la relajación.** Te serán de gran ayuda unas cuantas respiraciones antes de hablar con la persona difícil para decirle que te ha molestado su actitud hacia ti.
7. **Busca una relación equitativa.** A la gente tóxica no les des más tiempo para hablar del que te dan para escucharte; no permitas que te interrumpan y limita tu tiempo con ellos, sin miedo.
8. **Busca soluciones para ambas partes.** No se trata de *ganar* una batalla ni de ser el que tenga la última pala-

bra, eso es más arrogante. Trata de llegar a un punto medio, a acuerdos en que ambos se sientan satisfechos. Practica la humildad.
9. **Pinta tu raya.** Aunque parezca imposible, tienes que hacerles saber cómo te sientes ante sus ataques. Busca el momento indicado y no utilices sus mismas palabras. Repite una y otra vez lo que quieres, sin enojarte ni levantar la voz. Tampoco justifiques mucho, simplemente establece tu posición con seguridad.
10. **Aprovecha esas raras ocasiones** en que estén de buenas para contarles historias (reales o imaginarias) sobre *el primo de un amigo* que tiene una actitud nefasta. Te darán consejos que, *Dios quiera*, les sirvan a sí mismos.

También de ellos se aprende...
En la vida me he topado dos veces muy concretas con gente que me ha robado la energía: una jefa y un cliente. Mientras aprendía a *defenderme* de ellos y estúpidamente me pasaba horas analizándolos y armándome de argumentos (y de valor) para nuestros siguientes encuentros, me di cuenta de que lo que más me molestaba de toda esa situación era el hecho de haberles dedicado tanto tiempo y energía a esas personas. Me percaté de que la del problema era yo, que no sabía lidiar con gente difícil y permitía a estas personas que me robaran mi serenidad. Necesitaba trabajar la aceptación desde cinco ángulos: 1) aceptar que la gente es como es y no puedes cambiarla; 2) aceptarme como soy, que en mi caso no soy una *cabrona* como me gustaría serlo para poner a esta clase de gente en su lugar; 3) soltar el control y dejar que las cosas sucedan; 4) ser más empática y entender que la frustración de estas personas nada tiene que ver conmigo; 5) aprender a perdonar, a ellos por sus agresiones y a mí por creer que llorar me hacía una tonta.

Yo quería ser tan hábil como estos individuos para poder acomodarles un *golpe bajo* y noquearlos con un comentario tan agudo como los que me hacían, pero mi *coach* me lo volteó así: *No te culpes por no ser como ellos; todo lo contrario, siéntete orgullosa por ser una persona que sí piensa bien antes de hablar. No ser impulsiva ni agresiva es una gran cualidad, no un defecto. ¿Te has visto de esta manera?* En lugar de pelearte contigo mismo, acéptate como eres. Y en cuanto a estas personas, simplemente déjalas pasar.

La gente difícil nos confronta con nuestros más profundos sentimientos de impotencia y con nuestra vulnerabilidad. Nos sentimos incapaces de poner límites y hasta nos reencontramos con alguna desilusión enterrada. Por eso, si sientes que en tu vida se aparecen con frecuencia las personas difíciles, si crees que las atraes, tal vez hay algo de ti que sigues sin aprender. Nos guste o no, la gente difícil representa una oportunidad para conocernos mejor. Y ya que no puedes cambiar a estos individuos ni eliminarlos de tu vida por completo, aprovéchalos para crecer más tú. Date permiso de no tener siempre las respuestas perfectas y de ponerles límites tanto a las personas tóxicas (sea tu jefe o tu mejor amigo) como a tus sentimientos y pensamientos de culpa: te sentirás más liberado y dejarás de atraer a la gente así.

2. La resiliencia y las adversidades

La adversidad depende menos de los males que sufrimos que de la imaginación con que los padecemos.
—François Fénelon

Estábamos recién casados y esa noche llegábamos a casa después de haber ido al cine. Eran como las 10 de la noche. Al salir del elevador nos sorprendieron tres hombres encapuchados y con pistolas. Nos hicieron entrar al departamento y mientras yo abría la puerta me hice pipí del miedo. Nos amarraron en la sala y quisieron vendarnos los ojos, pero mi esposo les pidió que no lo hicieran. Sentía cómo la sangre corría por la piel, por dentro, caliente. Mi vida entera dejaba de tener sentido, nada era más importante que saber, en ese momento, si viviría para contarla. Comenzaron a saquear nuestro departamento mientras uno de ellos se sentó a vigilarnos. Cada minuto rogué a Dios que aquello se terminara, que nos cuidara, que nos dejara vivir. Le pedí mucha fortaleza, pues sentía que me iba a desmayar del miedo. Me mantuve rezando, con los ojos cerrados, y recostada sobre Víctor, que estaba a mi lado. Los minutos me parecieron horas. Cuando al final se fueron, mi esposo y yo nos pusimos a llorar. No parábamos de temblar como dos niños asustados. Nos abrazamos y nos quedamos así, paralizados, un rato más. Sentimos mucho agradecimiento porque estábamos vivos, intactos... Pero algo muy valioso nos habían robado: nuestra paz.

Llevo nueve años casada y aún recuerdo ese asalto como una de las más terribles experiencias límite de mi vida. Tardé mucho tiempo en superarlo. No solo nos robaron objetos de gran valor sentimental, sino que se habían llevado algo más esencial: nuestra tranquilidad. Por un tiempo perdí la confianza, la seguridad, la fe en la vida y en la gente. Me angustiaba salir y lo que pudiera pasarme allá afuera. Me sentía muy vulnerable. Volví a terapia porque quería recuperar la vida como era antes y el miedo me estaba paralizando. Aprendí que no había mucho qué hacer, más que dos cosas: primero, agradecerle a Dios por haberme protegido, por haber estado ahí con nosotros y no permitir que nada más grave nos sucediera; segundo, aprendí a calmar mi angustia, a mirar hacia delante y dejar de pensar en lo que había pasado. Volví a la meditación, empecé a distraerme con otros temas: cosas agradables con las que recuperé el entusiasmo y la confianza. Esta experiencia me obligó a confiar más en mi fortaleza interior; si había superado algo como esto, sería capaz de superar nuevas adversidades. En efecto, muchos años después del asalto sucedieron otras cosas dolorosas en mi vida, como cuando nos dieron la noticia del cáncer de mi papá, cuando murió, y cuando al mes de su muerte perdí a mi primer bebé... En esos momentos surgió en mí una entereza que me sorprendió. Ahora, a la distancia, me doy cuenta de que he ganado algo de todo esto: la certeza de que soy fuerte y siempre podré salir adelante.

Si algo enseñan las adversidades es que no son permanentes; ningún evento terrible, por doloroso que sea, dura para siempre. Lo que sí puede prolongarse eternamente es el dolor y el miedo si no buscas la forma de superarlos. Si bien las experiencias dolorosas no se le desean a nadie, y ojalá pudiéramos vacunarnos contra ellas, las subidas y bajadas, los sucesos traumáticos y difíciles, forman parte de la vida. Es difícil reconocerlo, pero hay un equilibrio entre las situaciones más desoladoras y las más maravillosas, y nuestra tarea es sacar de estas últimas todo el provecho, como para hacer un *guardadito* emocional que el día de mañana nos sirva para enfrentar las adversidades con buena actitud.

El poder de la resiliencia

Hay gente que se enfrenta a situaciones límite muy dolorosas, como perder a un hijo o sufrir la pérdida de la salud o de un miembro del cuerpo, y parece que a ellos les resulta más natural lidiar con esas situaciones que a otros que van lamentándose por la vida porque los corrieron del trabajo o les robaron el coche. ¿La diferencia? La capacidad de unos y otros de sobreponerse a las dificultades. A esto se le llama resiliencia. La Real Academia Española define **resiliencia** como la capacidad de asumir con flexibilidad situaciones límite y sobreponerse a ellas.

Mientras atravesamos por momentos de dificultad, a muchos de nosotros nos parece que nuestros problemas o desdichas son las más trágicas y dolorosas del mundo, que nadie puede estar peor. Luego escuchamos la historia de alguien a quien le ha ido peor en la feria —como se dice comúnmente— y entonces nos sentimos mal por haber sufrido tanto por nuestras *tonterías*. Aunque hay de tragedias a tragedias, ninguna adversidad es más dolorosa que otra, pues la medida del dolor está en cada uno. Hay pérdidas y desgracias irreparables, dolorosísimas para cualquiera, pero cómo te afecten y en qué medida depende más de tu personalidad, tu actitud y de cómo funciona tu cerebro.

¿De qué lóbulo *cojeas?*
De acuerdo con los científicos que estudian el cerebro y las emociones, las personas en quienes domina más la actividad del lóbulo frontal izquierdo tienden a ser más positivas y a asumir un rol más activo en sus vidas (tienen mayor resiliencia), y en quienes domina más el lóbulo frontal derecho tienden a ser todo lo contrario: su estilo afectivo es más negativo, son más propensas a la ansiedad, la pasividad y las preocupaciones. Por eso vemos gente que queda muy afectada por las adversidades y cuya recuperación es muy lenta, mientras que en el otro extremo están los que se sacuden las adversidades negándolas y continúan su vida como si nada. Ningún extremo es recomendable, entre estos dos hay *grados* de resiliencia según nuestra actividad cerebral, nuestras experiencias y nuestra genética.

El Dr. John B. Arden afirma que estas tendencias en la actividad cerebral (al dominar más un lóbulo que otro) ocurren a una edad muy temprana y se van afinando con las primeras experiencias de vida. Además, nacemos con una predisposición genética para la resiliencia; sin embargo, ya sabemos que genética no es destino. En su libro, *La vida emocional de tu cerebro*, Richard J. Davidson explica que lo que hace expresarse o no a un rasgo genético con el cual nacimos es el medio ambiente donde nos desenvolvemos. Incluso si estás programado para recuperarte lentamente de las dificultades, tu resiliencia puede mejorar con tu actitud y tu voluntad.

Por ejemplo, varias investigaciones comprueban que la violencia puede ser una predisposición genética, pues está relacionada con modificaciones del cromosoma X, pero, y subrayan *pero*, estos genes por sí solos no provocan que las personas que lo heredan sean agresivas. Lo que *activa* el gen es el medio ambiente. Un estudio hecho en Nueva Zelanda con hombres que traían el gen de la violencia demostró que solo quienes habían sufrido algún tipo de agresión familiar en su infancia desarrollaban un comportamiento antisocial. Los que también tenían el gen pero habían crecido en un ambiente saludable, no eran más criminales que las personas nacidas sin el gen.

Desarrolla la resiliencia

Es posible aprender a lidiar con las adversidades, pero, ¿cómo? Propiciando nuevas conexiones en el cerebro: hay que actuar a favor de pensamientos y estados de ánimo positivos; es decir, hay que cambiar de actitud. Quienes practican estados de ánimo positivos a través de la meditación mejoran su resiliencia, pues meditar debilita la cadena de asociaciones que nos mantiene obsesionados con las adversidades y con hacer las cosas más grandes de lo que son. Enfocarte en el momento actual también puede ayudarte a prevenir que caigas en esta espiral de pensamientos negativos. Ejercicios de respiración o de visualización igualmente ayudan. Además, hay *niveles* de adversidades, y algunas demandan un trabajo personal mayor, como pérdidas y duelos que deben elaborarse paso a paso. Gaby Pérez Islas, mi *coach* y tanatóloga, lo describe así en su libro *Cómo curar un corazón roto*:

No hay fórmulas mágicas para sobreponerse rápidamente y sin dolor a una pérdida. El dolor tiene un sentido y tratar de encontrárselo es uno de los grandes retos de la vida.

Tener una actitud optimista te ayudará a enfocarte en las posibilidades y potencialidades de cada acontecimiento penoso, liberándote de las actitudes autolimitantes y destructivas.

La historia de Susy

Susy es una mujer muy amable, bella por dentro y por fuera. Es muy cordial y afectuosa con los demás, sabe preocuparse por los otros y tener siempre lindos detalles. Es de esas personas cálidas que te saben echar flores y hacerte sentir bien con sus comentarios y su encantadora actitud; que saben mostrar interés en ti, en lugar de hablar de sí mismos todo el tiempo. Es de esa gente que se alimenta de experiencias hermosas, de información útil para el alma, y por eso sus conversaciones son muy amenas. Susy siempre tiene una sonrisa auténtica para todos, está siempre en la mejor disposición. Cuando conocí su historia personal, se me hizo aún más admirable su actitud. Y es que resulta que hace muchos años tuvo un accidente terrible en el que murió su pequeña hija. Susy sufrió muchas lesiones en el cuerpo de las que fue recuperándose solo con el tiempo y a través de varias intervenciones quirúrgicas. Pero las lesiones del alma no eran cosa de menor importancia. Cuando ella me contó a detalle aquel trágico relato, me quedé helada y admirada con su actitud. Me contó la historia con mucha calma y entereza. Era evidente que ese acontecimiento le había cambiado la vida y le había provocado un gran dolor. Sin embargo, Susy aprendió a vivir con esa pérdida y a creer en lo maravillosa que es la vida. Si hay alguien que se exprese con entusiasmo y verdadero agradecimiento hacia Dios y la Naturaleza, es Susy. Ella conserva el recuerdo de su hija en un lugar privilegiado de su corazón y habla de la pequeña Susy con mucho cariño. El mismo cariño que expresa a todos los que la rodean. No tiene resentimientos con la vida; por el contrario, se siente bendecida y muy afortu-

nada. Sin duda, es un gran ejemplo de resiliencia, entereza y confianza.

No es casualidad que las personas con más resiliencia sean aquellas que han tenido que tolerar situaciones muy difíciles o un gran número de adversidades. Quienes han gozado de una vida *fácil*, con pocos problemas o situaciones límite tienden a ser menos resistentes emocionalmente. A veces, es precisamente a estas personas a quienes se les viene el mundo encima cuando pierden un vuelo o les cancelan un cheque. *La adversidad, cuando no es arrolladora, promueve fortaleza y carácter*, dice Dottie Billington. La actitud de muchos discapacitados es gran ejemplo de esto: mantienen un espíritu de gozo y una actitud incluso más vital que la de quienes no estamos en sus zapatos. Ante las adversidades solo nos quedan dos elecciones, o las afrontamos con buena actitud, o dejamos que nos derroten y nos hagan como quieran.

No estamos solos

En este mundo agitado, recordemos quién es la paz
en medio de la tormenta y la quietud
en medio del bullicio.

—Madre Teresa de Calcuta

Nos cuesta trabajo sacudirnos el enojo, la tristeza o cualquier otra emoción negativa generada por un evento perturbador. Muchos psicólogos afirman que, entre sus pacientes, los que se recuperan más rápido de las adversidades son aquellos que tienen fe en algo: en Dios, en la Vida, en la Naturaleza, en el Sentido de la vida... Basan su resiliencia en la confianza de que su dolor tiene un sentido y que la situación a la que se enfrentan tiene, escondida, una lección de vida que los hará más fuertes.

Recuerdo que una vez, durante una misa, sentí muchas ganas de hablar con un sacerdote; no se trataba de una confesión, más bien necesitaba escuchar las palabras de una persona espiritual, por lo menos más cercana a Dios que yo. Me angustiaba la inseguridad y la violencia del país, y quería hablarle al padre de este miedo que me provocaba pensar que un día pudiera pasarle algo malo a mi hijo. El sacerdote me hizo ver dos cosas: primero, que no podemos vivir pensando en lo peor; y segundo, me habló de la resiliencia y me puso como ejemplo a la Virgen María y la integridad con la que enfrentó la trágica pérdida de su hijo. Me hizo ver que en la vida son inevitables las desgracias, pero siempre tenemos la capacidad de responder a ellas con valentía, confiando en que Dios no nos deja solos aun en esos momentos.

Este acercamiento religioso puede traducirse a cualquier fe o creencia: confía que hay un orden o un equilibrio universal en todo. ¡Incluso las tormentas tienen un propósito! Por supuesto, pensar que la violencia tiene una razón es complicado, o encontrar el aprendizaje en un evento tan trágico como un secuestro es incomprensible. Pero no se puede vivir pensando que alguien puede hacernos daño en cualquier momento o con el miedo de que no podamos superar una tragedia. Hay que confiar que algo más grande y poderoso nos ama y nos cuida desde siempre; que Dios o Jehová, Alá, el Ser Supremo, la Energía Divina, siempre está a nuestro lado, incluso en medio de las más duras tormentas.

3. ¿Problemas o posibilidades?

Un problema deja de serlo si no tiene solución.

—Eduardo Mendoza

La vida tiene muchos reveses y de nosotros depende cómo los etiquetamos, ya sea como problemas o como oportunidades de crecimiento. Las situaciones estresantes sirven para explorar nuevas formas de hacer las cosas y ser más creativos. Por ejemplo, si estás atravesando por problemas financieros es probable que debas buscarte un trabajo donde te paguen más. Tal vez estabas muy a gusto en tu trabajo actual, pero al buscar uno nuevo te abrirás a la posibilidad de conocer otras áreas de tu desarrollo que de otra manera, mientras estabas en tu zona de confort, no hubieras descubierto. Las adversidades te obligan a buscar nuevas posibilidades y es así como mucha gente desarrolla nuevos talentos.

La historia de Marcela

Marcela vivía muy cómoda y no tenía necesidad de trabajar. Cuando murió su esposo, quien era promotor de seguros de vida, tuvo que tomar las riendas económicas de su hogar. Jamás pensó que podría interesarle el trabajo de su marido, pero cuando se hizo cargo del negocio de su esposo no solo descubrió que era muy buena vendiendo seguros, sino que este nuevo reto la ha hecho muy feliz.

Oportunidades globales

Otro ejemplo son las crisis económicas: los expertos coinciden en que tienen consecuencias *positivas*; por ejemplo, la crisis económica de 2008 orilló a las empresas a ser más eficaces en su servicio, a ofrecer estrategias más innovadoras y ser más competitivas. Esto se tradujo en mejores productos y servicios para los consumidores. A nosotros nos obligó a cuidar mejor nuestro dinero y a ser más precavidos. Tal vez ahora piensas dos veces antes de gastar en ciertos lujos, o quizá tienes un fondo de ahorro que antes no tenías. Otro ejemplo lo vemos con la crisis ambiental: somos más conscientes de la importancia de cuidar el agua, de ahorrar energía, de separar la basura, de consumir productos autosustentables. ¿Y qué me dices de la crisis en salud como la del virus de la influenza AH1N1? Nos espantó a todos, y desde entonces nos lavamos más las manos y tomamos más medidas de higiene. De alguna manera, tenemos más conocimiento y estamos mejor preparados para enfrentar este tipo de escenarios.

Keith Harrell, en su libro *Attitude of Gratitude* (Actitud de gratitud), dice que el dolor y la decepción son ineludibles:

Perder a un ser querido, que te corran del trabajo, un desastre natural, un accidente aéreo o una tragedia como lo ocurrido el 11 de septiembre son situaciones que nos cambian para siempre. El cómo elegimos sobrellevarlas nos puede hacer mejores o amargarnos la existencia.

Las crisis nos sacan de nuestra zona de confort y nos obligan a ser más creativos.

¿Por qué algo pequeño lo hacemos grande?
Cuando pensamos en adversidades nos vienen a la mente solo los grandes infortunios de la vida, como la muerte, perder el trabajo, tener un accidente..., pero todos los días hay situaciones que ponen a prueba nuestra resiliencia: las horas que tardan en atenderte en un trámite burocrático, el horrible tráfico que te hace llegar tarde a una junta importantísima, o que se te apague el *boiler* a mitad de un regaderazo. Tal vez no son *Las Adversidades*, pero sí ponen a prueba tu tolerancia y actitud. Nuestra capacidad de reponernos ante estos hechos menores es un buen indicador de la resiliencia que tendremos ante las verdaderas dificultades de la vida. Quienes se obsesionan o se paralizan ante las cosas pequeñitas, tienden a derribarse ante los grandes sinsabores. Si ya viste que la vida se te complica demasiado cada vez que enfrentas un problema menor, si tiendes a hacer las cosas más grandes de lo que son, piensa que tal vez se deba a que

en el fondo te gusta pasar por víctima o quizá te da pereza buscar soluciones por tu cuenta. Hay quienes se acostumbran a que otros les resuelvan la vida; otras personas simplemente se sienten atraídas al drama. Pero una actitud complicada y sufridora nunca te hará bien, solo te enreda y te hace la vida de cuadritos. No te desgastes con los pequeños problemas porque te quitan tiempo y energía.

La historia de Raúl

Raúl es un importante empresario que siempre llegaba de malas a su casa. Su esposa ya conocía las razones y por eso ya ni le preguntaba: seguramente había tenido un día muy difícil, *como él siempre le contestaba. Raúl se la pasaba asumiendo que su vida era muy complicada, y en su propio drama aplicaba su sentido del humor: afirmaba que después del presidente del país, él era la persona con más problemas por resolver. La realidad es que estaba un poco cansado, le faltaban unas vacaciones y hacer ejercicio para liberar tanto estrés. Se había empezado a amargar la vida y su familia ya no sabía ni qué hacer con él. Un día, Raúl vio un video que lo hizo reaccionar, era sobre un guitarrista que había nacido sin brazos y, sin embargo, tenía una gran actitud ante la vida. Tony Meléndez, quien se dedica a dar conferencias para animar a la gente, decía en su video cuánto le sorprendía ver que la gente que sí tiene brazos y piernas se la pasa diciendo* no puedo *ante los problemas. A Raúl lo conmovió tanto este video que decidió dejar de quejarse. Empezó a hacer ejercicio y decidió cambiar su actitud. Echó mano de su sentido del humor, ya no para ser la víctima, sino para verle el lado* simpático *a los contratiempos. Sobre todo, valoró mucho su vida como estaba, nada le hacía falta. Evidentemente, aún tiene días muy complicados, pero no pierde el sentido del humor. Ahora te dice que ya no es la segun-*

da persona más ocupada del país, ya soy como la tercera, *comenta riendo.*

*Si no podemos evadir las adversidades,
¿por qué no recurrir al sentido del humor
y tratar de pasarla bien mientras las sorteamos?
No utilices como excusa tus problemas
para disculpar tu actitud pesimista.
Echa la carne al asador para afinar
tu resiliencia. Recuerda que toda circunstancia,
por muy dolorosa que sea, tiene varias aristas
desde donde puedes abordarla. Las dificultades
pueden ser una oportunidad para crecer.*

4. ¡Se vale estar de malas!

*Si piensas en el desastre, lo obtendrás. Dale vueltas
a la muerte y apresurarás tu desaparición. Piensa positivo
y con maestría, con confianza y fe, y la vida se te hará
más segura, llena de acción, rica en logros y experiencias.*

—Swami Vivekananda

Mientras escribía este libro hubo, naturalmente, muchos días de estrés, enojo y frustración debido a *ene mil* razones, por lo que me causaba un gran conflicto pensar que debía poner en práctica los mismos consejos que aquí iba escribiendo. ¿Cómo estar de malas y escribir un libro sobre la buena actitud? ¡Qué difícil tener buena actitud cuando estás de pésimo humor, cuando la vida se te complica o tienes días de terror! Pero una de las cosas que me prometí al escribir esta obra, y espero estar logrando, fue que trataría de dejarte muy claro a ti, querido lector, que tener una buena actitud no se consigue por arte de magia; que el optimismo no significa estar sonriente y de buenas todo el tiempo aunque por dentro estés que *te lleva la fregada*; que cambiar nuestros hábitos de pensamiento no se logra con solo leer este o cualquier otro libro de autoayuda, sino con el trabajo constante; y que la actitud es un acto de voluntad. ¿Pedirte que al terminar de leerme tengas una gran actitud sería una tontería?

A diferencia de muchos autores de autoayuda que leí, yo no he trascendido el enojo, la frustración, la intolerancia o el mal humor. Soy tan imperfecta como tú, y entiendo que hay días que parece que nada te está saliendo bien y que el mundo es espantoso. Me prometí que este no sería el libro del clan de los optimistas, sino una conversación entre amigos sobre las cosas que he ido descubriendo sobre la actitud y están probadas por los expertos. Debo confesar que, conforme iba poniendo en práctica los consejos que iba escribiendo, me di cuenta de que sí funcionan, no porque yo lo diga, sino porque todos, absolutamente todos, apelan al sentido común. Si no, ¿dime por qué preferirías tener una mala actitud?

Entre todos los libros que leí sobre la actitud, y mira que leí muchos, no encontré uno solo que incluyera algún capítulo donde el autor les diera *chance* a sus lectores de estar de malas. El enojo es una emoción que puede causar mucho daño, y decir con todas sus letras que se vale estar enojados es como aprobar la agresión, la violencia o las conductas destructivas. Es poco probable que encuentres un libro de autoayuda que específicamente hable sobre la buena actitud, donde te digan que estar de malas no solo se vale sino que es necesario para tu felicidad. Este es ese libro en un millón.

No lo digo yo, lo dicen los expertos: estar de malas puede ser útil para pensar con mayor claridad. El enojo no solo es natural sino válido y nos ayuda a conocernos mejor. El profesor Joe Forgas, de la Universidad New South Wales en Australia, afirma que cuando estamos malhumorados somos capaces de sobrellevar un número más grande de situaciones complejas que cuando nos sentimos alegres. *Los estados moderados de negatividad pueden inducir razonamientos más cuidadosos y más atentos a los estímulos externos*, dice. Mientras que sentirte animado propicia creatividad, cooperación y flexibilidad, estar malhumorado puede servirte para ser más cauteloso en tus decisiones. Un grado moderado de ansiedad es útil para que se den ciertos cambios en el cerebro; la ansiedad estimula la necesidad de hacer ajustes para salirnos de la modalidad pasiva (lóbulo derecho) y cambiar a una actitud más activa (lóbulo izquierdo). Este tipo de cambios te ayudan a estar preparado para enfrentar las adversidades; entonces, cierto grado de enojo estimula al lóbulo frontal izquierdo, equilibra la actividad de ambos lóbulos y, en consecuencia, te hace sentir positivo. ¡Estar un poquito de malas te ayuda a ponerte de buenas!

Lo importante es no quedarte paralizado. Hay quienes creen equivocadamente que lo más saludable cuando se sienten enojados es no hacer nada *para calmarse*; la pasividad atrae más pasividad al lóbulo derecho del cerebro, donde también se activan las emociones negativas. La gente pasiva-agresiva acumula furia y por eso tiende a ser más pesimista que la gente activa. *Tragarse* el enojo te daña, la energía negativa se queda atorada y se genera una espiral de negatividad. Por eso, hay que canalizar el enojo y echar mano de tus recursos emocionales para romper el círculo vicioso negativo.

Es natural que haya días en que no veas la luz al final del túnel, y que por más que quieras sentirte optimista, nomás no lo logres porque no ves señales de cuándo va a dejar de lloverte sobre mojado... Los días de mucho enojo y frustración son inevitables. No tengas miedo de experimentar frustración, el chiste está en no quedarte enganchado ahí ni alimentar tu enojo o frustración con más enojo. Dale más espacio a las emociones positivas por la sencilla y saludable razón de que te provocan bienestar.

Debemos trabajar la *asertividad*, que es la habilidad para expresar nuestras emociones de manera calmada y respetuosa. Disfrazar el enojo, la tristeza y los miedos aparentando que *no pasa nada* es un mecanismo de defensa que a la larga no nos hace bien. Mucha gente fue *educada* para disfrazar o esconder sus emociones negativas, y suelen ser quienes más padecen colitis y otros trastornos del sistema digestivo. Otras, evitan expresar su enojo por temor a las consecuencias, como lastimar a alguien o que los dejen de querer. Aprende a desfogarte sin causar daño, suelta tu enojo sin agredir, ni física ni verbalmente. Sacar tu rabia *de un jalón* te tomará la misma energía que si lo haces *de a poquito* y evitarás estarte amargando la vida dándoles vueltas en tu mente a los pensamientos de furia.

Llorar es otra forma saludable de expresar y dejar salir el enojo, aunque muchos creen tontamente que es muestra de debilidad. Llorar es riquísimo y muy liberador. Te comparto una técnica que me enseñó mi hermana, quien es cantante de ópera; consiste en soltar el enojo, el miedo o la ansiedad a través de la voz: pronuncia un *aaaaaaaahhhhh* largo con la boca bien abierta y suelta todo el aire mientras lo dices. Hazlo tres veces, a solas, y verás que te sientes mejor. Finalmente, recurre a los pequeños placeres. ¿Qué te pone de buen humor? A mí: dos canciones de Rosana, pedir una pizza al final de un día pesado, un programa de *Friends* o visitar una librería. Busca las cosas que te alegren y respóndele a la vida con una buena actitud.

Ni muy muy, ni tan tan

Hay quienes confunden la buena actitud con un optimismo exagerado. La gente con la sonrisa tatuada, que no se inmuta ni cuando se muere su abuelita, me parece altamente sospechosa, ¡y peligrosa! El optimismo exagerado es una forma de negación de la realidad. En el extremo opuesto están los cínicos y los pesimistas absolutos, a quienes el goce de las cosas les dura... ¡nada! Es más, parecen incapaces de sentir una emoción agradable. Varios psicólogos hablan de un optimismo *disposicional*, el cual consiste en tener la expectativa de que las cosas buenas serán abundantes en el futuro, y las malas serán las menos. Martin Seligman habla del optimismo en términos del estilo que un individuo tiene para explicarse las causas de los eventos negativos. El optimismo se torna *sospechoso* cuando lleva a la persona a una persistencia sin sentido, cuando su actitud no es realista y lo que espera del futuro es muy poco probable; por ejemplo, cuando a alguien le dicen que no tiene las cualidades para un puesto de trabajo e insiste en presentarse a las entrevistas porque *seguramente mañana les voy a caer mejor*. El optimismo exagerado llega incluso a ser peligroso, pues hay gente que no mide las consecuencias de sus actos precisamente porque juran que *todo va a salir bien*, como los que hacen deportes extremos sin mucha cautela y prometen que no les va a pasar nada. Se dice que la gente exageradamente optimista tampoco tiene tolerancia a la frustración, pues un *no* les representa tener que poner un alto, limitarse, y lo que ellos quieren es sentir gratificaciones inmediatas y mucha libertad. Seligman sugiere un *optimismo flexible,* en vez del optimismo mecanizado y sin control: seamos optimistas cuando es apropiado.

Los falsos optimistas contra los eternos gruñones

Muchas personas se identifican más con la *modalidad gruñona* y juran que estar de buenas va en contra de su personalidad. Estos *gruñones* consideran que quienes ven el mundo color de rosa son superficiales y falsos. Me dio mucha risa leer un chat que encontré en Internet donde la gente decía sentirse muy orgullosa de su *gruñonéz*, entre ellos una persona decía estar fastidiada de la actitud *ultra hiperalegre* de la chava del Starbucks que lo atendía todos los días. *No soporto que siempre esté de buenas* —decía este individuo—, *no le creo, me parece falsa*. Sí, hay gente tan amable que termina pareciendo poco sincera. Este gruñón del chat insistía en que *seguramente la chava del Starbucks ha tenido una vida fácil, sin problemas reales*. La actitud de este cuate me pareció muy engreída, ¡no podemos juzgar a la gente tan a la ligera! Mientras que los pesimistas se empeñan en ver la mosca en la sopa, los optimistas hacen el mismo esfuerzo para encontrar soluciones y posibilidades. La gente optimista es creativa, agradecida y elige pasarla bien; los pesimistas no se permiten pasarla bien, aunque tengan esa opción, y su capacidad de resiliencia es muy limitada, aunque afirmen lo contrario.

Voy a salir ahora en defensa de las personas optimistas de corazón, los *verdaderos* optimistas —y no sé si esta chica lo sea—, pero creo que sí hay gente que por naturaleza es amable y optimista, que no está fingiendo, que ser así se les da por naturalidad o se han esforzado sinceramente por elegir una actitud alegre ante la vida. Aunque hay rasgos que son cuestión de personalidad, estoy segura de que incluso la gente más optimista ha pasado por momentos de mucha dificultad, y lo único que los hace *diferentes* de los eternos pesimistas es que deciden estar de buenas a pesar de las adversidades. Precisamente un día en una cafetería, uno de los chavos que atiende en la ventanilla, al saludarlo me dijo cordialmente: *Ay, se agradecen los clientes amables porque mucha gente cree que estamos siempre de buenas, pero hay clientes que abusan y te tratan muy mal, y terminan por ponernos de mal humor*. Me consta que este chavo está casi siempre sonriente y con una muy buena actitud de servicio; y cuando me comentó lo que le había pasado con un cliente nefasto, comprendí que la amabilidad y el optimismo también son una cuestión de convivencia, de elegir pasarla bien y contagiar de eso a los demás. No sé qué prefieres tú, pero de toda la *gama* de optimistas me quedo con el combo *optimista-amable*, aunque los eternos gruñones como el del chat pudieran tacharme de superficial.

No existe el optimismo de 24 horas, todos podemos sentirnos tristes y enojados, no te niegues a estas emociones de tristeza disfrazándolas de júbilo. Aprende a estar de malas sin causar ningún daño y, después de un rato, elige sentirte bien otra vez.

5. Días no tan buenos y días realmente malos

En un sentido tangible, un mal día, mucho más que un buen día, muestra nuestra verdadera esencia.

—Arthur Golden

Decíamos que a veces se vale estar de malas y es, de hecho, bastante liberador. Yo sí, de plano, me doy permiso de estar de malas algunos días, esos en que los demasiados *peros y burocracias* de la vida nomás no me dejan avanzar en el día..., ¡uno también tiene su corazoncito! Hay días que por más que me despierto de buenas y con la mejor de las intenciones, las cosas no salen, y conforme avanza la mañana siento que ese día no estuvo hecho especialmente para mí, que debí quedarme en casa o que Dios está muy ocupado en otra parte del mundo. En esos momentos, me rindo ante el día y digo: *Ok, hoy no va a ser mi día, ni hablar, ya no voy a ir contra la corriente, voy a fluir con el día y me voy a proteger..., mañana será diferente.*

Pero los días no tan buenos se convierten en nefastos cuando por más que uno se esfuerza en que las cosas salgan bien y estar de buenas, los conflictos cotidianos nos impiden seguir con lo planeado. Cuando el burócrata de la Delegación, porque se le da la gana, te hace tardadísimo el trámite del pasaporte; cuando alguien de la compañía de cable te tiene horas en el teléfono; o cuando el empleado de la Compañía de Luz te hace regresar por tercera ocasión para cambiar el medidor de tu casa... Hay gente que de plano no coopera, y que le vale si con su actitud les hace la vida difícil a los demás. Y parece que en esos días, por más que uno quiere estar de buenas, nos vamos topando con gente así, y brotan como de la nada *detallitos* que arruinan nuestros planes: ese mismo día se te acaba el gas para cocinar, se te poncha una llanta justo cuando vas corriendo a una cita, o se va la luz en el momento en que le das *send* al mail con el proyecto que tenías que entregar. Cuando literalmente se te junta todo, parece imposible *swichearse* a una actitud optimista y sentirse a gusto. Pues bien, en esos días cuídate de alimentar tu mal humor enojándote más o metiéndote solito en situaciones que te sigan poniendo de malas. Si las cosas no te están saliendo bien, ¿para qué haces planes de ir a ver a una amiga que vive del otro lado de la ciudad, sabiendo que tendrás que atravesar un terrible tráfico en las horas pico? Si el día no ha sido muy *amigable* para ti, ¿para qué buscarte más estrés yendo a Hacienda a tramitar tu nueva firma electrónica? Ya sabemos qué tipo de situaciones nos pueden generar más enojo y frustración, entonces ¿por qué no evitarlas en esos días? Recuerda que cuando estás de malas eres más susceptible, y es posible que te enojes con los comentarios bien intencionados de alguien o por situaciones que, en otro momento, no te harían reaccionar. Cuando uno está de malas genera un campo magnético que empieza a atraer más cosas que incrementan nuestro mal humor. Es mejor dejarlo pasar, no hacer más planes para ese día e intentar sobrevivirlo calmaditos...

Estrategias para sobrevivir a un día no tan bueno
1. Date un *break* para respirar profundamente, te calmará de inmediato. Inhala hondo y despacio por la nariz y suelta lentamente también por la nariz. Al respirar profundo y retener el aliento la energía se acumula, y al liberar el aire limpias y purificas mente y cuerpo.

2. Llora, estírate o golpea una almohada. Busca un momento para estar a solas y liberar tus emociones.
3. No te atores racionalizando lo que te está pasando; no todo tiene una explicación. El mensaje no está en lo que te está pasando, sino en cómo lo estás enfrentando.
4. Sonríe. Suena bobo y bastante *idiota* cuando estamos enojados, pero forzar la sonrisa puede *swichearte* a un estado de ánimo más amable.
5. Cuando el día es tan malo que ya de plano llega un perro y se hace pipí en tus zapatos, es momento de cancelar tus pendientes, relajarte y bajarte del tren.
6. Consiéntete. Ve por un café o un té. Las bebidas calientes relajan, y si son infusiones de manzanilla, anís o hinojo, mejor.
7. Hojea una revista o escucha un disco de música nueva. Distráete con algo diferente de lo que usualmente lees u oyes. Desviarás la atención que tenías puesta en lo que tanto te molestó.
8. Visualiza algo que te haga sentir muy bien y enfócate en recordarlo.
9. Soporta la presión. ¡Fuerza de oso! Somos resistentes, estamos diseñados para enfrentar situaciones límite, así que seguramente puedes soportar la presión de un mal día. Nadie es *Superman* o *Superwoman* y los malos días como llegan se van.
10. Una cosa a la vez. En días malos es mejor no tener demasiadas expectativas ni saturar tu agenda de compromisos, te estarás poniendo solito el pie. Bájale dos rayitas a tu intensidad y no te comprometas a muchas cosas.
11. No te lo tomes demasiado a pecho, es fácil exagerar ante un mal día, así que ten la actitud para no actuar como una víctima. Eres una persona teniendo un mal día, aunque jures que el mundo está confabulando en tu contra.

12. Pide apoyo. Si tienes que entregar un reporte, si necesitas que alguien lleve a tu hijo al kínder o tienes que llevar un pedido al otro lado de la ciudad, pregunta si alguien puede ayudarte. Delega: nunca sabes de dónde puede salir un alma caritativa dispuesta a echarte la mano.

Aliviánate: elige sentirte mejor y pon las cosas en perspectiva. Verás que ese día no tan bueno es mucho mejor que otros días realmente malos por los que ya has pasado, y a los cuales ¡sobreviviste! Cambia tu actitud y decide pasarla bien.

Cámbiate de frecuencia

Esos días no muy buenos, cuando parece que el mundo se empeña en decirte que debiste quedarte guardado en tu casa, suelen activarse con una situación muy absurda: se te cae el café sobre la camisa que recién planchaste, o te quedas sin agua caliente en la regadera, en fin... Si ya estabas de malas, si algo te tenía de mal humor, es probable que exageres este tipo de situación. Entonces, como en efecto cascada, se desencadenan más y más eventos que alteran tu humor: se te atora el tacón en la coladera, te toca una manifestación y llegas —no tarde— tardísimo a tu junta; se queda sin batería tu celular y se te poncha una llanta; y justo ese día te hablan para cobrarte del banco. Pareciera que nuestra *antena emocional* agarró sin querer una mala señal y estamos en la frecuencia negativa. Cuando es así, empezamos a emitir las mismas ondas, pura negatividad, y entonces ya no hay manera de zafarse...

No te amargues la vida ni empieces a atormentarte diciendo que tienes mala suerte, la vida no *apesta*, solo se trata de tu pésimo mal humor. La gente optimista ve estos días como días *no tan buenos* y los toman con buen humor, pues tienen la certeza de que al día siguiente las cosas saldrán mejor. Pon atención, pues el poder de tu energía es tal que si elijes una actitud pesimista es muy probable que sigas atrayendo más situaciones *nefastas*; es una especie de atracción, ¿te ha pasado?

La vida te habla en los días nefastos...
Que un perro pasara y se hiciera pipí precisamente en tu zapato podría no haber sido mera casualidad. Aunque son eventos fortuitos que pueden pasarle a cualquiera, los días *no tan buenos* suelen ser oportunidades para preguntarte: *¿qué me está queriendo decir la vida con todo esto?*, una especie de *mensaje* para decirte que te calmes, que le bajes dos rayitas a tu mala vibra, que te alivianes, que vayas un poquito más lento y dejes de tomarte todo tan a pecho. La vida también nos habla en los días malos, no solo cuando estamos contentos, alegres, celebrando un gran logro, un éxito, un nacimiento, un nuevo proyecto. Generalmente, solo en los momentos de desbordante alegría percibimos que la vida se nos revela y nos señala el camino; pero, ¿qué hay detrás de los días no tan buenos? Aunque no lo creas, en esos días la vida también nos habla, también se está mostrando sabia, pues quiere decirnos algo con todo eso que nos está sucediendo. Tal vez quiera que cambies de rumbo, que sueltes el control o que simplemente hagas las cosas con más goce.

Recuerdo una amiga que se la vivía en friega todo el día: dejaba a sus hijos en la escuela, se iba a trabajar, tenía un negocio alterno de pastelería, atendía a sus clientes en sus recesos en el trabajo, regresaba a su casa, recogía a sus hijos, los llevaba a clases de esto y el otro, y en la tarde, cuando al fin tenía oportunidad para relajarse, en lugar de hacerlo se ponía a trabajar más. Hasta que un día se fracturó un tobillo mientras caminaba a paso ultra veloz para llegar a tiempo a su curso de portugués, y el doctor le recetó reposo obligado durante unas semanas. No entendía cómo le pasaba *esto* a ella, que tenía tanto qué hacer. Precisamente, eso es lo que la vida quería decirle: que hiciera menos cosas, que se relajara, que disfrutara los momentos de no hacer nada, estar más tiempo con sus hijos, que gozara su trabajo y que fuera paso a paso con sus demás planes. Cuando nos da gripa, cuando nos fracturamos un tobillo o cuando se cancela un curso que íbamos a tomar, es posible que la vida esté tratando de decirnos que nos relajemos, que disfrutemos lo que está sucediendo frente a nuestras narices. Sé más intuitivo y presta atención a lo que te sucede. Y conste, no estoy diciendo que cada evento fortuito tiene un mensaje complejo, al estilo del *Código da Vinci*, sino que incluso en los días no tan buenos hay mucho que aprender y agradecer. Todo es relativo. Pongámonos siempre en perspectiva.

Días realmente malos

Cuando mi papá estuvo enfermo, eran evidentes los días no tan buenos y los días realmente malos. Los últimos meses de su enfermedad, en la etapa terminal de su cáncer, mi papá (y nosotros con él) se enfrentó a días de todo tipo: en los más afortunados despertaba lúcido, de muy buen ánimo, podía comer por sí solo, entablar una conversación y estar consciente de todo. Otros días, los más malos, estaba ausente, no sabía ni quién era, no podía sostener una cuchara y su ánimo estaba por los suelos. Había muchas sombras y mucha oscuridad, pero cuando llegaban los días de luz, los aprovechábamos al máximo: podíamos reírnos juntos, abrazarnos, decirnos cuánto nos amábamos. Le llevaba una dona y un café o su fruta favorita (las peras) y los disfrutaba como un niño. Con sentirse apapachado era suficiente para que esos días no tan buenos parecieran mejores. Fui testigo de muchos días realmente malos: mi papá parecía estar atrapado en su propio cuerpo, y desde adentro parecía rogarnos que lo rescatáramos de las tinieblas. Podía ver en su mirada la frustración que sentía al no poder moverse o hablar. Entonces, también lo abrazaba, confiando en que mi presencia lo haría sentir mejor. En esos días realmente malos descubrí que los otros, los no tan malos, eran en realidad bas-

tante buenos para todos. Cuando mi papá murió fue un día no tan malo. Desayunó, estuvo sereno, un poco cansado, y antes de cerrar los ojos, dijo: los quiero mucho. *Fue, después de todo, un buen día para él...*

Lo extraordinario de los días ordinarios

Si algo aprendí con la enfermedad y muerte de mi padre fue a poner las cosas en perspectiva. Aprendí a valorar los días que antes me parecían aburridos, cuando no pasa nada extraordinario —ni bueno, ni malo—, me di cuenta de lo gozosos que son esos días ordinarios, mismos que desperdiciamos quejándonos, enojados, aferrados por cosas del pasado o lamentándonos por nuestra *mala suerte*. No nos damos cuenta de que los días comunes y corrientes son un regalo: nos traen serenidad, no pasa nada y nos ofrecen la posibilidad de vivir sin preocupaciones, ¿por qué malgastarlos? Cuando pasas días enteros en los hospitales aprendes a valorar uno de esos días ordinarios, añoras cualquier miércoles por la tarde o un aburrido lunes de tu vida cuando todo estaba bien. No te quejes, disfruta las pequeñas cosas de los días ordinarios y de la rutina; disfruta esos días con calma, aprecia la serenidad que te rodea y contempla el mundo con agradecimiento. Afortunadamente, tenemos muchos días de esos, así que no esperes a que las adversidades o las ausencias te hagan ver que los días no tan malos o aburridos eran en realidad ¡días extraordinarios!

6. Aprende a fluir

Cuando comience a llover, deja que llueva.
—Anónimo

Hay momentos, cuando todo se ve muy gris, cuando los días no tan buenos terminan siendo días nefastos o cuando los días muy malos se repiten y no dejan de ser verdaderamente malos, en que lo mejor es soltarse, rendirse a las fuerzas de la Naturaleza y de la Vida y dejar que las cosas simplemente pasen. Nos esforzamos tanto en controlar las situaciones de estrés que olvidamos que no somos todopoderosos y que no podemos cambiar el flujo natural de las cosas. Muchos sucesos deben pasar, oponerte a ello es no fluir, y a veces es más desgastante poner resistencia que rendirse, no en una actitud de derrota, sino de aceptación.

Cuando alguien te dice *fluye*, tal vez te suene muy superfluo, pero no hay mejor palabra para describir el modo de comportarse ante las adversidades o ante los días no tan buenos. Fluir tiene que ver con no estancarse, con avanzar fácilmente, con andar ligero, dejarse llevar y mantener una actitud serena; con soltarse de viejas amarras mentales y de nuestros innumerables *debería*; fluir es no oponer resistencia a lo que se nos presenta, a las ideas de los demás y a nuestra propia intuición; es la mejor manera de andar por el mundo y de lograr el equilibrio en medio de las dificultades. Fluir te permite tener una actitud abierta a la vida y a los demás.

Mucha gente cree que fluir es sinónimo de no tener carácter, convicciones ni decisión propia. ¡Cuánta inseguridad! No se trata de no tomar tus propias decisiones, de no tener una opinión y permitir que los demás decidan por ti. Eso no es fluir, eso es estancarse. Pero resistirse a que la vida nos enseñe el camino es cerrarnos muchas puertas, y negarse a escuchar lo que nos dicen los demás muestra en realidad debilidades y complejos. ¡Es terrible la actitud del que se opone a todo sólo por el hecho de demostrar carácter!

Tener actitud es ser flexibles, soltar los sentimientos negativos que nos inquietan y nos devoran, es dejar de luchar... Cuando algo te está costando demasiado trabajo o las cosas no se te dan, es probable que se trate de una señal de algo que no te conviene. Cambia tus objetivos, retrocede o busca una forma más natural de llegar a donde quieres ir. Fluir es eso, nada más.

6

MÁS ESPEJOS Y MENOS VENTANAS
(o cómo ser tu mayor fan y adoptar una actitud de agradecimiento)

Enamorarse de uno mismo es el primer secreto de la felicidad.

—Robert Morley

La buena autoestima es clave para una actitud efectiva ante la vida. ¿Por qué? Porque solo sintiéndote cómodo y contento en tu propio traje puedes relacionarte positivamente con los demás y con tu entorno, encontrar oportunidades de crecimiento en medio de las tormentas y disfrutar con optimismo las cosas más simples de la vida.

1. *Qué bonito soy, cómo me quiero* / Sé tu mejor amigo

Imagínate que estás en un jardín hermoso, tranquilo y muy grande. Es una tarde soleada, sin nubes y la luz del sol se cuela entre los árboles hasta acariciarte suavemente. Hay brisa y te sientes en armonía, feliz y pleno. Si en ese momento te propusieran que llegara tu persona favorita, ¿quién sería? ¿Qué te parece que fuera alguien de toda tu confianza, que admiras y por quien sientes mucho respeto? Alguien que te cae muy, muy bien, y con quien siempre te la pasas a gusto, cómodo, que sabes que te entiende perfecto, te acepta tal como eres; de hecho, le encanta tu forma de ser. Alguien que te conoce de *toooooda* la vida... ¿Existe esa persona? ¿Y si fueras tú? ¿Y si tu *mejor mejor* amigo o amiga fueras tú mismo?

Esta idea puede sonarte absurda o aburrida, pero ojo, no estoy diciendo que sustituyas a tu mejor amigo por tu amor propio ni que te la pases echándote flores frente al espejo. Sin duda, cuesta trabajo imaginar una relación con nosotros mismos, pero aquí el punto es que si siempre *convives* contigo, ¿no crees que sería fabuloso sentirte a gusto con quien eres, hablarte bonito y apreciar todo lo que has logrado? ¿Verte a ti mismo como te vería tu persona favorita? Y no me digas que siempre lo haces. A veces nos convertimos en nuestros peores verdugos. La forma como te hablas y las cosas que te dices o piensas de ti mismo, si te tratas con amor o con reproches, si cuidas tu cuerpo y procuras tu desarrollo personal... todo eso es reflejo de tu forma de relacionarte contigo mismo. ¿Cuántas personas conoces que sepan divertirse y pasar un buen rato solas? ¿A cuántos conoces que están peleados consigo mismos todo el tiempo, gente que se habla pésimo y se ningunea? Obsérvate, ¿eres así contigo? Claro que si te pregunto: *¿te quieres mucho?*, a la primera vas a contestarme que sí. Pero la actitud refleja tu verdadero amor propio: la gente insegura, que se la pasa enojada, la gente tóxica, los perfeccionistas o quienes empiezan muchas cosas y no terminan nada... Cuando no estás a gusto contigo, ese poquito amor propio se refleja en una actitud desconfiada, insegura, negativa, egoísta, grosera... Sí, cultivar buenas relaciones con los demás es fundamental para nuestro bienestar, pero asegúrate de tener antes una buena relación contigo.

Tu actitud es reflejo de tu autoestima.

La autoestima es un concepto muy desgastado pero bastante elocuente. En realidad es el término *justo* para describir algo muy sencillo: el amor propio es la valoración que haces de ti mismo, es el amor que te tienes. La autoestima no garantiza la felicidad como aseguran algunos, ni es algo mágico que una vez adquirido te *cambia* la vida y te hace invencible; se malentiende su significado y su *poder*, se le confunde con egolatría o narcisismo; otros la consideran un concepto banal al que recurren las personas chiquitas en estima o desprovistas de carácter. Coincido con quienes dicen que la autoestima no debería ser una meta o un objetivo de vida, sino la fuente de donde surjan cosas buenas para ti: un buen proyecto de vida, buenas relaciones y, sobre todo, una buena actitud. Cuánta gente dedica su vida entera a mejorar su autoestima, a *elevarla*, y pierde el verdadero objetivo del amor propio y cae en actitudes egoístas y a veces intolerantes.

En ese sentido, los budistas señalan que el error de muchos al tratar de elevar tanto su autoestima es que pierden la capacidad de percibir con objetividad sus propias cualidades, alentando con ello expectativas poco realistas. Para el Dalai Lama, el exceso de interés en uno mismo provoca vivir en la ilusión y el engaño, pero, sobre todo, desconectado de los demás. Son los clásicos que están única y exclusivamente enfocados en sí mismos, en estar bien, en hablar de ellos... y se aíslan en su *yoísmo* sin notar que para ser plenos necesitan relacionarse, amar y respetar a los demás. La autoestima es constructiva y de gran beneficio solo cuando es **equilibrada**.

Eckhart Tolle, autor de *El poder del ahora*, afirma que la verdadera autoestima proviene de un lugar muy profundo en nuestro interior, más allá de los pensamientos que tenemos acerca de nosotros mismos; asegura que se accede a ella cuando callamos nuestra mente y la liberamos de nuestros juicios, pues solo así podemos reconocer nuestro gran potencial, ese que no hemos expresado todavía en su totalidad y espera ser descubierto por uno mismo. La autoestima deja de ser una forma de calificarnos y se convierte en una cuestión de **aceptación**: *me acepto como soy, con mis defectos y cualidades porque descubro que tengo infinitas posibilidades y un enorme potencial, algo que me hace único.*

Sin duda, las interpretaciones sobre qué es la autoestima son muchas, y de todas, hago mi propio *cocofante*: la autoestima o el amor propio es la capacidad de **conocerte bien** —hago énfasis en *bien*— y aceptarte tal cual eres. Es reconocer en ti todo el potencial que tienes y ser benévolo contigo (especialmente cuando la riegas). Es hablarte bonito pero con objetividad, y apreciarte tal cual eres. La *aceptación* de uno mismo es la raíz de la autoestima pero, ¡uff!, qué difícil es aceptarnos. Y solo cuando nos queremos y aceptamos sinceramente, experimentamos un profundo sentimiento de serenidad que nos permite andar por la vida felices y sin broncas.

Mejora tu autoestima... ¡con actitud!

Es curioso que si bien la autoestima es la fuente de una buena *actitud*, con actitud puedes mejorar tu autoestima, es decir, una cosa provoca la otra y se retroalimentan entre sí. Eso es lo más maravilloso de la actitud, que es un acto de voluntad, algo que decides hacer y, una vez que lo emprendes con esfuerzo y constancia, empieza a generarte cosas buenas. Si decides comenzar a verte y ver al mundo que te rodea con unos lentes más amables, empezarás a fortalecer tu autoestima, y por el contrario, si ya tienes una buena autoestima, puedes trabajar desde tu amor propio para mejorar tu actitud. Ese es el gran poder transformador de la actitud. Decide adoptar una que te empodere, que te motive y te dé el ánimo para conocerte mejor y quererte *de veras*.

2. Aprende a conocerte

El famoso psicólogo Howard Gardner llama a la capacidad de conocernos a nosotros mismos como la inteligencia intrapersonal, una inteligencia que todos tenemos, aunque no todos la desarrollemos. Este tipo de inteligencia se refiere a qué tan sensibles somos ante nuestras emociones y reacciones, tiene que ver con conocer de dónde provienen nuestros miedos y deseos, nos ayuda a estar conscientes de nuestras fortalezas y debilidades y de todo lo que nos hace ser quienes somos. Es lo que te ayuda a tener autoestima. Y como no nos la enseñan en ningún lado, podemos desarrollarla si tenemos interés en ser introspectivos. Por supuesto, y es bien válido, no a todo el mundo le interesa conocerse ni le parece relevante entender de dónde provienen sus sentimientos, miedos o deseos; habrá quienes tienen la habilidad natural de ser optimistas y sentirse felices sin necesidad de profundizar demasiado en sus *adentros*; otros sentirán terror de enfrentarse consigo mismos y de ver lo que les causa angustia o vergüenza. Creo que para ser auténticamente feliz con quien eres y estar a gusto con tus decisiones necesitas conocerte, escucharte y valorarte tal como lo haces con tu mejor amigo o amiga.

Descartar lo superficial e ir en busca de lo profundo es propio de una persona valiente.

—Buda

Conocerte es un proceso

De acuerdo con las enseñanzas de Buda, cuando nos da miedo recorrer el camino interior encontramos buenas excusas en la flojera, la inercia y la cobardía. Nos aferramos a lo superficial porque conocerse es un proceso profundo y complicado que requiere valor, coraje y determinación. Si vives con esta profundidad de corazón le darás un sentido más profundo a tu existencia.

El amor propio no significa estar por encima de los demás ni estarte alabando desmesuradamente para negarte a ver la realidad como es. Conocernos sirve para ser objetivos con nosotros mismos, para reconocer nuestros errores, aceptar de qué pie cojeamos y evaluar con ecuanimidad las cosas que nos suceden. Es la única forma de desarrollar una autoestima equilibrada. La vida te ofrece muchas oportunidades para que te vayas conociendo, por eso debes ver los problemas o las adversidades como la posibilidad de aprender más de ti.

Toma en cuenta que la autoestima requiere un *proceso*; uno no aprende a conocerse y aceptarse de la noche a la mañana, mucho menos evadiendo los tropiezos. Decídete a vivir con curiosidad y a hacer a un lado el miedo de ver de frente aquellas cosas que no te gustan de ti mismo.

El universo no nos juzga, solo nos provee de consecuencias, lecciones y oportunidades para equilibrarnos y aprender a través de la ley de causa y efecto.

—C.G. Jung

Descubre más de ti

Si te sientes desconectado de ti mismo, si hace mucho no tienes una *charla* honesta y profunda contigo, considera estas opciones para empezar a ver cómo andas por dentro.

1. **Solicita la crítica constructiva.** Pedir retroalimentación de la gente que te quiere es muy valioso para conocerte mejor. Cómo te ven los otros puede ser muy revelador porque solemos tener *puntos ciegos* sobre ciertos hábitos que no vemos, pero otros sí distinguen. La psicóloga Simine Vazire dice que tu personalidad no es lo que piensas de ti, sino lo que *realmente* eres y ven los demás (lo que muestras). Sin darnos cuenta dejamos huellas o rastros de nuestra personalidad en todo lo que hacemos, por eso es muy valioso preguntar a los otros lo que ven. Recuerda que tu actitud dice mucho de quién eres. Saber escuchar la crítica es un don y se requiere de gran

habilidad para aceptar lo que te dicen con objetividad. Recuerda que lo que digan o piensen los demás es una opinión (no una verdad universal) que no te hace más o menos valioso. Aunque nadie puede conocerte mejor que tú, trata de ver qué dicen de ti tus acciones y evalúa si son congruentes con quien tú crees que eres porque, lo quieras o no, tus acciones son tu carta de presentación. Si te dicen, por ejemplo, que eres muy mandona o muy desconfiado, toma en cuenta esa opinión, aun si no estás de acuerdo, y analízala, a lo mejor no te has percatado de que tienes actitudes mandonas o de desconfianza, aunque tú creías lo contrario. Podrás sorprenderte mucho de cómo te ven los demás, especialmente cuando no coincide con lo que crees que estás mostrando de ti. Ahí verás qué tan bien te conoces. Vale la pena considerar la crítica, sobre todo si proviene de quienes te aprecian, atrévete a escucharla y valora si tienen algo de razón.

2. ***Examina qué piensas de los demás.*** El conocido psicólogo Carl Jung decía que todo lo que nos molesta de los demás revela una comprensión de nosotros mismos. Estoy totalmente de acuerdo, aunque esta idea me recuerda otra que vale la pena traer a colación: los demás son nuestros espejos, y cuando algo nos molesta de alguien, es porque vemos o proyectamos en esa persona lo que nos molesta de nosotros. Pero no creo que aplique en todos los casos. Si me molesta la actitud violenta de alguien, no necesariamente se debe a que en el fondo yo también sea violenta. Si te molesta alguien que no sabe escuchar, no significa que tú tampoco sabes hacerlo. Me parece interesante en este sentido considerar que la evaluación o la crítica que hacemos de otras personas, lo que decimos de alguien más, revela mucho de nosotros mismos. Te pongo este ejemplo: si para ti

equis persona te saca de tus casillas porque crees que es muy torpe, es probable que lo sientas así porque eres bastante intolerante. Aunque esa persona sea torpe y no eres el único que se da cuenta, quizá su torpeza te moleste más a ti que a los demás porque no eres una persona que acepte a otros fácilmente. De igual manera, cuando escuchamos a alguien expresarse muy bien de otra persona, además de querer conocer a esa maravilla de ser, podemos darnos cuenta de lo benévolo y amable que es quien se está expresando así de alguien más. Cuando dices *qué agradable y atento es fulanito*, no solo describes a fulanito, sino que estás siendo capaz de fijarte en los aspectos positivos de él. Seguramente, habrá quien piense que el tal fulano es más bien súper torpe y por eso ni se ha dado cuenta de lo amable que es. Cuando para ti son más relevantes las características positivas de alguien más, cuando no notas sus *defectos*, es porque sabes que tú también eres imperfecto y por eso tienes buena actitud y puedes reconocer lo bueno en las otras personas.

3. **Ponte nuevos retos.** Otra táctica para aprender a conocernos mejor es llevarnos a nosotros mismos al límite de ciertas situaciones. Ojo con lo de *ciertas*... Los retos que nos sacan de nuestra zona de confort suelen ser buenas oportunidades para conocernos. Esto no significa que vayas y te tires del bungie mañana mismo, ni que tengas una relación tormentosa con un psicótico para *probarte*. Más bien es que intentes *hobbies* o actividades totalmente nuevas y ajenas a ti, que no impliquen riesgos pero te reten y pongan a prueba talentos y habilidades que no creías tener. Por ejemplo, si le tienes aversión a practicar yoga o te da miedo el buceo pero te atrae, es momento de considerar estas opciones. Me pasó cuando aprendí, no hace mucho, a andar en bicicle-

ta, creía que no iba a gustarme, y descubrí que en realidad lo que tenía era miedo (de caerme, de sentirme torpe). Me divertí mucho cuando pude pedalear sola y sentí una gran satisfacción al conquistar ese reto. Descubrí que me gusta la bicicleta y quise usarla seguido. Es probable que nunca me inscriba a un triatlón, pero encontré una nueva actividad que me sacó de mi zona de confort, que me puso a prueba y me retó a desarrollar la paciencia y la perseverancia. Sobre todo, me quité muchos miedos y aprendí a tener más confianza en mi fortaleza física.

4. **Practica la meditación**. Como vimos, es una útil herramienta para aprender a escuchar la voz interior. Hacer pausas en el día de manera rutinaria puede servirte para dejar a un lado las voces externas y escuchar tu propia voz.

5. **Inicia una terapia.** Aunque hay numerosas formas de aprender a conocernos, en mi opinión el proceso terapéutico resulta útil para comprender de dónde provienen los mensajes que nos decimos a nosotros mismos, cómo explicarnos lo que nos sucede y qué sentimos. En efecto, se complementa mejor con otras prácticas más *vitales* como hacer yoga o algún deporte. La terapia puede ser una alternativa para quienes tienen poca disciplina.

3. Deja las comparaciones

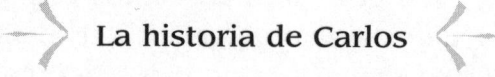

La historia de Carlos

Carlos apaga la computadora. Son las dos y media de la mañana. Llevaba cuatro horas sentado frente a su laptop, navegando por Internet y por las redes sociales, enterándose de santo y seña de la vida de los demás. Cuando ter-

mina, ya no sabe quién es ni qué onda con su propia existencia. Se siente abrumado, ¡todos parecen ser más felices que él! Le ha dedicado mucha energía a merodear a través de las páginas de perfiles de sus conocidos. Tiene 548 amigos, pero se siente más solo y frustrado que nunca, y muy desolado porque cree que su vida no es tan divertida o exitosa como la de otros.

Hoy día vivimos una paradoja: por un lado, estamos muy interesados en nosotros mismos, intentando ser personas felices pero, por otro, estamos demasiado obsesionados observando cómo viven o qué hacen los demás. Nos enteramos de las vidas de conocidos y desconocidos, sabemos quiénes son los más ricos, los más exitosos, los más bellos del año... y, sin quererlo, caemos en las comparaciones. Nos la pasamos asomados por las ventanas ajenas para admirar y anhelar vidas aparentemente *mejores* que la nuestra. Esta sensación viene de haber dejado de mirarnos a nosotros mismos y de la constante comparación. Un mal hábito que puedes empezar a eliminar.

Generalmente, lo que pensamos de nosotros suele ser negativo. Nuestra incesante descalificación surge desde pequeños; aprendemos a juzgarnos en función de los otros: *No soy tan inteligente como esos niños*, *No soy tan delgada como esa niña*. Se nos enseña que si somos de tal o cual manera (*Si te portas bien / Si no lloras*) vamos a ser queridos y aceptados. Como adultos lo seguimos haciendo y calificamos nuestra vida según qué tan bien hemos cumplido con los roles sociales, de estatus o de género. Tendemos a ver en otros las cualidades que quisiéramos tener. Así, vamos tomando un poco de aquí y allá, hasta que llega el día en que no sabemos quién o cómo somos realmente. Aprendemos a vernos a través de los ojos de los demás y es cuando nos preocupan más las apariencias. Entonces, al dejar de mirarnos con nuestros propios ojos, nos criticamos todo el tiempo: mientras vamos en el coche, cuando estamos trabajando o incluso desde antes de empezar el día. El *chacoteo* mental puede ser bastante nefasto hasta hacer que te conviertas en tu peor enemigo, cuando justamente se trata de lo contrario.

¿Sabes cuáles son tus dones? ¿Para qué eres bueno? ¿Qué es lo que más le gusta a la gente de ti? Es curioso que a veces sean otros quienes sepan reconocer más tus talentos que tú mismo. Encuentra cuáles son tus cualidades y aprende a sacarles el máximo potencial. Deja de exigirte ser como los demás. No hay estándares para la realización personal ni para la felicidad, cada quien tiene su propio camino. ¿Quién eres?, ¿cuánto tienes?, ¿a qué te dedicas?, ¿cuántos *seguidores* tienes? Son las preguntas que hacemos para valorar a los demás y a nosotros mismos. En la intimidad de nuestro *mundito*, cuando estamos a solas con nosotros mismos, nos exigimos cumplir con un ideal que muchas veces responde a nuestras fantasías, producto de la necesidad de reconocimiento y aprecio.

> *En una sociedad tan competitiva, donde las comparaciones son promovidas y aparentemente inevitables, es importante si queremos ser genuinamente felices romper el mal hábito de estarnos comparando y dejar de buscar la aprobación de los demás.*

Recuerda quién eres

Cuando nos sentimos inseguros es fácil que nos apantallemos con la vida de los demás o con las historias *de éxito* de otros. Nos exigimos tener lo mismo, mandando por un caño lo que nos hace únicos y diferentes. De repente, resulta que todos queremos ser iguales (aunque digamos lo contrario): tener el mismo coche, una casa igual, el mismo estilo de vida, los mismos amigos, marcas de ropa, y así se nos va la vida: asomados en las ventanas de las vidas ajenas, olvidando vernos en el espejo para contemplar y apreciar quiénes somos realmente. Es evidente que con las comparaciones llegue el momento en que te preguntes: ¿*quién soy?* o ¿*qué es lo que quiero?*

Por eso, me encanta la frase de la película *El Rey León*, en la escena cuando el padre le dice al hijo: *Recuerda quién eres*. Su padre, quien ha muerto, es la voz interna de Simba que lo llama a detenerse para mirarse en el reflejo del agua y no alejarse de su verdadera esencia. En efecto, vamos por la vida distraídos y olvidando quiénes somos realmente y qué propósito tiene nuestra existencia. Hay que ser valientes, como dijo Buda, para rascarle a lo profundo y mirar hacia nuestro interior. Una vez que seamos capaces de reconocer en nosotros el gran potencial que llevamos dentro, dejaremos de compararnos con los demás y, por ende, ya no nos exigiremos ser de cierta manera. Aprende a escucharte y descubre eso grandioso que eres.

4. Aprecia todo lo que tienes

Seamos agradecidos, aunque hoy no hayamos aprendido mucho, al menos aprendimos un poquito, y si ni siquiera aprendimos poquito, al menos hoy no nos enfermamos, pero incluso si nos enfermamos, al menos hoy no morimos; por eso, seamos todos agradecidos.
—Buda

Gaby, mi life coach, *me lo hizo ver un día:*
  —No aprecias lo que haces, necesitas verte sin los lentes del perfeccionismo.
  En efecto, cada vez que teníamos sesión, salía a relucir lo mucho que me exigía a mí misma y lo poco que reconocía mis logros. Vivía pensando que nada de lo que hacía era suficiente, quería que todo fuera extraordinario. Cada vez que Gaby me preguntaba:

—¿Qué hiciste este mes?
Mi respuesta era la misma:
—Casi nada.

Pero en realidad había logrado mucho. Tanto me exigía que empecé a convertirme en mi peor enemiga. Estaba agotada física y mentalmente. Una parte de mí creía que estaba haciendo mi mejor esfuerzo, pero la otra no me permitía sentir ni tantita satisfacción. Poco a poco fui entendiendo que mi perfeccionismo en realidad encubría mis miedos: al éxito —sí, suena raro, pero se puede tener miedo al éxito— y a dejar de ser apreciada o querida. Al principio estas revelaciones me parecieron ridículas: ¿Cómo voy a temerle al éxito si es justamente lo que quiero, si me da terror fracasar? En cuanto a lo otro, a que dejaran de quererme, me sonaba aún más absurdo: Me siento muy querida y no creo que dejen de quererme así nomás. Eso pensaba mi cabeza, pero en el fondo de mi corazón, ahí donde habita la pequeña Cynthia con sus inseguridades y miedos, estos temores estaban más vivos que nunca... Crecí creyéndome la idea de que yo valía en función de mis éxitos y que estos eran lo que me definía. Mis papás, sobre todo mi padre, siempre se mostraron orgullosos de mis calificaciones en la escuela y eso bastó para que yo creyera que mis dieces y mis diplomas me hacían importante y muy valiosa. Evidentemente, las cosas se me fueron complicando: la universidad me presentó nuevos retos y en la maestría me exigí demasiado; en el trabajo descubrí que no bastaba con ser buena en lo que hacía, tenía que aprender a liderar y a trabajar en equipo (habilidades que no tenía); y en cuanto a las relaciones personales, querer ser perfecta se volteó en mi contra, resultó ser la peor de mis cualidades. He ido aprendiendo que la gente que te quiere no está interesada en que seas perfecto —¡todo lo contrario!—, pues no solo te conviertes en una persona obsesiva (e insoportable), sino además empiezas a exigirles a los demás que sean tan perfectos como tú.

Sé natural

William James, filósofo y psicólogo estadounidense, escribió: *El principio más profundo del carácter humano es el anhelo de ser apreciado*. En efecto, buscamos siempre ser queridos y aceptados, pero cuando nos falta confianza perdemos el foco queriendo impresionar a los demás, exigiéndonos demasiado para estar siempre *a la altura* de lo que *creemos* que se espera de nosotros. Esforzarte tanto en ser perfecto te quita naturalidad y te hace más complicada la existencia. Las personas que he conocido con la mejor actitud son precisamente aquellas que tienen una forma muy natural de ser, que se sienten a sus anchas siendo ellas mismas y no les interesa impresionar a nadie. Es cierto, hay momentos en que la vida nos sacude tan fuerte que nos sentimos muy vulnerables y llegamos a ponernos un *traje-escudo-protector* para evitar más sufrimiento. Pero las personas que te quieren de verdad saben lo que hay debajo de ese traje y no les interesa tu aparente fortaleza; en cambio, quienes no te conocen pueden llevarse una impresión equivocada y con ello pierdes la oportunidad de hacer nuevos amigos, y de conocer a alguien especial en tu vida. Y no solo eso, cuando no eres tú mismo dejas de pasarla bien porque ese *traje-escudo-protector* pesa como una armadura y no te deja avanzar con ligereza ni te permite ver con claridad todo lo que tienes y te rodea: tu salud, tus seres queridos, tus amistades, tus amores, tu profesión, tus posibilidades, tu mente, lo infinito.

Ya que absolutamente todo lo que te rodea ha contribuido a tu desarrollo personal, es menester agradecer por todo.

—Wallace Wattles

Honra tus bendiciones

Para apreciar todo lo que tienes y eres empieza por hacer una lista de todas las bendiciones que se te han dado. Comienza por tus seres queridos y por todo aquello que sueles dar por hecho: tu familia, tu salud, tu cuerpo sano (con todo y sus *defectos*), tu capacidad intelectual, tu capacidad de asombro, de reír, de relacionarte... También anota las pequeñas cosas que te hacen feliz y que no por ser pequeñas son menos importantes (ni banales): el coche que te compraste con tanto esfuerzo, tu habilidad para las manualidades, tu colección de libros favoritos... Con este ejercicio descubrirás que cuentas con muchas bendiciones y aprenderás a honrarlas. Las experiencias que has tenido, buenas y malas, y que te han dejado lecciones también son parte de tu equipaje. Agradécelas y anótalas en tu lista.

El siguiente paso para apreciar todo lo que tienes es dejar de mirar el pasado añorando lo que tenías pero ya no está, como puede ser un amigo que se fue de la ciudad, un mejor trabajo que tuviste, una óptima salud. No compares tu vida de hoy con la de antes. Piensa en lo que hoy tienes y eres, en esto que te toca vivir y donde te ha puesto la vida y tu propia actitud. Y si hoy tu posición no es muy agradable, hoy mismo empieza a moverte a una *zona* más amable, donde te sientas más cómodo; cambia tu actitud ante lo que es, no ante lo que no tienes y añoras. Recuerda: no somos víctimas de nada ni de nadie, así que si miras a tu alrededor y ves cosas que no te gustan, haz algo para cambiarlas.

Tampoco pierdas tu energía fantaseando con el futuro, pues este siempre estará ahí, lejos, inalcanzable. No dejes para mañana la vida, ni tus intenciones ni la posibilidad de vivir a tu cien. Hoy es la oportunidad de abrazar todo lo que está a tu alcance: tu salud física y mental, tu capacidad de reflexión, tu poder de decidir pasarla mejor. Cuando miras el hoy, adviertes todo lo que tienes y lo aprecias. Este día, más que nunca, tienes la certeza de estar vivo (mañana quién sabe). No esperes a perder algo para empezar a apreciarlo; la vida se encarga de mil maneras, a veces no tan agradables, de recordarnos todo lo que nos ha dado.

*Enfócate en lo que tienes,
no en lo que te falta, o de lo contrario esa actitud
te mantendrá paralizado.*

El poder del agradecimiento

Agradecer trae beneficios físicos y psicológicos a quienes lo acostumbran. Quienes llevan un diario de agradecimiento dicen tener una vida más gratificante, se sienten más optimistas y conectados con los demás. Quien practica el agradecimiento duerme mejor y despierta con una actitud más optimista. Existe una relación directa entre la gratitud y los niveles de depresión. El psicólogo Philip Watkins comprobó que sus pacientes diagnosticados con depresión clínica eran 50% menos agradecidos que sus pacientes no depresivos. Estudios psicológicos se refieren al poder que tiene la gratitud en términos del éxito o fracaso de un matrimonio. Esto está bueno: el Dr. John Gottman, quien ha analizado por más de dos décadas las relaciones matrimoniales, asegura que la fórmula para que un matrimonio funcione es que por cada expresión negativa que haya entre una pareja (una crítica, una queja, muestras de enojo) debe haber cinco expresiones positivas (como una sonrisa, un cumplido, gestos de aprecio y de agradecimiento); la doctora Barbara Fredrickson coincide con este índice en general, no solo en el matrimonio sino en tu vida diaria, diciendo que el radio es de tres a uno: por cada emoción negativa que experimentes, debes *compensarla* con tres positivas para que tu actitud se conserve optimista.

La gratitud es una actitud.

¿En qué radica la *magia* del agradecimiento? En que este nos permite salir de nosotros mismos, del ensimismamiento que no nos deja darnos cuenta de que formamos parte de algo más amplio y superior que nosotros mismos. Al ser agradecidos y tener una actitud de aprecio, al decir *gracias* de corazón, nos conectamos más con el mundo, lo que nos ayuda a comprender que somos parte de una red de relaciones sociales (y no estamos hablando de Facebook) que funciona bajo una ley simple: la reciprocidad. Entre más das, más recibes; cuanto más agradeces, más se te da.

El agradecimiento también promueve la tolerancia a los demás y te conecta con la naturaleza. Robert A. Emmons, pionero en investigación sobre gratitud, ha demostrado que la gente que tiene una actitud de agradecimiento todos los días es más empática y tiende a ofrecer su apoyo. Esto, señala Emmons, muestra que una actitud de agradecimiento incrementa la motivación para actuar a favor de la sociedad y a cuidar nuestro entorno.

Por si fuera poco, la actitud de agradecimiento promueve una vida más larga. Evidencia médica indica que las personas agradecidas cuidan mejor su salud y procuran los chequeos médicos; pacientes del hospital de la Universidad de Pittsburgh que tuvieron un trasplante de corazón mostraron mejorías notables en su salud mental y física un año después de la operación, esto debido a su actitud de agradecimiento y de aprecio por su estado saludable.

Aprende a agradecer

Gaby me hizo escribir todos los días una frase en la que expresara mi agradecimiento por algún logro o una posesión que me hiciera sentir bendecida. *Tiene que haber algo, por minúsculo que te parezca*, me decía. Al principio no fue fácil. *Mmmm, ¿qué tengo hoy que agradecer?*, me preguntaba antes de acostarme, y tardaba un ratote en escribir algo. *Estoy viva, tengo salud, puedo pensar...*, iba anotando y pensaba que en tres días ya no iba a tener otra cosa importante para agradecer, pero hay mucho más para sentirnos agradecidos. Empieza por no dar por hecho todo lo que tienes y haces en el día. Si aprendemos a vernos como nos ve alguien desde afuera, descubriremos muchas cualidades por las cuales sentirnos agradecidos. Observa detenidamente todo lo que has logrado hasta ahora y no lo des por sentado: agradécelo todos los días. Agradece que puedas moverte, que respiras, que eres capaz de reírte de un chiste, que eres fuerte para cargar cosas pesadas, que tienes manos para hacer las cosas que más te gustan, que tus piernas te permiten realizar tus *hobbies* favoritos... No permitas que sea tarde para descubrirlo.

El agradecimiento tiene el poder de transformar tu visión de las cosas y, por ende, tu actitud ante el mundo. Al honrar tus bendiciones será difícil sentir que algo te falta, incluso si sufres pérdidas, a pesar del gran dolor que sientas por la ausencia de un ser querido, si agradeces haberlo tenido en vida, su recuerdo será un tesoro y se convertirá en una presencia constante en tu diario existir.

Finalmente, algo que casi nunca agradecemos es lo que no tenemos y muchos padecen: una enfermedad grave, una limitación mental, vivir bajo una dictadura o un régimen político de esclavitud... En serio, agradece lo que no tienes. Agradece las veces que te has librado de accidentes o de estar en una situación desagradable, hazlo por ti y por quienes más quieres.

Deja de mirar los huecos, estos se rellenarán
cuando tu atención esté puesta en todo
lo que posees: amor, salud, familia y, sobre todo,
tu fuerza interior para pensar, actuar,
amar, desear, soñar...

Aprovecha el día. Complácete en la vida porque
te da la oportunidad de amar, de trabajar y de jugar,
y también de mirar a las estrellas.

—Henry Van Dyke

Beneficios de una actitud agradecida

1. *Atraerás más bendiciones.* Cuando agradeces, se genera una energía que atrae más de lo mismo, igual que una actitud negativa atrae más negativo. Al enfocar tu atención en todo lo que tienes y lo agradeces, atraes la abundancia.
2. *Te ayuda a enfrentar las adversidades.* Si estás agradecido, te sientes tan completo, tan sobrado de todo, que sabrás acomodar lo que la vida te arroje. Las situaciones que presentan retos serán más sencillas.
3. *Disminuye el pesimismo.* La gratitud domina los sentimientos derivados del pesimismo. En días grises, la mejor manera de mejorar tu ánimo es hacer un recuento de todas tus bendiciones.
4. *Mejorarás tus relaciones.* Agradecer a los demás por lo que hacen por ti no es meramente un rollo de buenos modales, quiere decir que aprecias que otros se preocupen por hacerte sentir bien, porque nadie está obligado a hacerlo; agradecerles es la mejor manera de darles el reconocimiento que merecen.
5. *Harás las paces con tu pasado.* Si agradeces lo que has vivido, aun las peores situaciones y eventos más dolorosos, es porque estás consciente de que sin padecerlos no serías hoy la persona tan maravillosa que eres.

Ejercicio 8
Pon en práctica la gratitud.

1. Hay que reflexionar en actitud de agradecimiento al menos una vez al día. Entre más lo hagas, verás más beneficios. No agradezcas solamente a fin de año, cuando vas al templo o cuando te acuerdes de hacerlo. Que sea un hábito diario.
2. Haz una lista de cinco cosas por las que te sientas agradecido, pueden ser cosas grandes, como tu familia o la

libertad que tienes para caminar por la vida, y cosas pequeñas, como el café gratis que te regalaron o el arete perdido que apareció.
3. Reflexiona en cada una y permítete sentirte bien respecto a ellas.
4. Si en tu lista hay alguien y puedes mostrarle hoy tu agradecimiento y aprecio, hazlo en este momento (mándale un mail, llámale por teléfono, ve a visitarlo).
5. Recuerda lo *malo* no para remover heridas, sino para ver que la has pasado mal y que, con todo y todo, ahora estás bien. Agradece que estás aquí hoy.
6. Los recursos visuales pueden ayudarte: pon fotografías de tus seres queridos, de lugares que has visitado, de cosas que posees y que más aprecias... porque se vale sentir cariño por tus cosas más queridas.
7. Coloca frases de agradecimiento a la vista, que siempre te recuerden la importancia de dar las gracias.
8. Cuida tu vocabulario, recuerda que las palabras y frases negativas salidas de tu boca pueden minar tu intención de ser agradecido.

Con práctica, la gratitud se convertirá no solo en un hábito, sino en una forma de ver la vida; en una actitud que te conecta con los demás.

La felicidad es en sí misma una especie de agradecimiento.

—Joseph Wood Krutch

5. ¿De qué contagias a los demás?

Cuando te sientes seguro de ti mismo y agradecido por quien eres, tu confianza se refleja en tu actitud. Los sentimientos de inferioridad comenzarán a desvanecerse y ya no sentirás el impulso de estarte comparando con los demás. La *seguri-*

dad se refleja en actitudes positivas: te empodera porque sabes que controlas tus actos y el rumbo que quieres darle a tu vida. ¡Qué admirables son las personas seguras de sí mismas! Además, cuanto más feliz y cómodo te sientas contigo mismo, menos te influirá negativamente el medio exterior, las personas tóxicas y las adversidades.

Los individuos con buena autoestima y seguridad tienen mayor habilidad para aceptar a los demás tal como son, ayudan a otros, son proactivos y buscan maneras de procurar el bienestar propio y de los demás. Asumen sus errores y los ven como oportunidades. Poco a poco, con cada paso firme —por pequeño que este sea—, estarás construyendo una actitud de gran seguridad. Y una actitud segura se contagia: piensa en la gente que confía en sí misma y transmite esa confianza a los demás. Suelen ser personas que no critican ni juzgan, que se abren a escuchar y a considerar la opinión de otros. Mucha gente que carece de seguridad en sí misma es como las veletas, giran hacia donde las empuja el viento por temor al rechazo. Sentirte seguro de quien eres y de lo que piensas es actuar de manera congruente y te aporta una actitud confiable. La gente segura de sí misma está dispuesta a probar nuevas formas de hacer las cosas si eso las lleva a un siguiente nivel de desarrollo.

Una vez tuve una compañera de trabajo que era muy buena en lo que hacía y, sobre todo, muy segura de sí misma (sin caer en la arrogancia). Cuando le pedían su opinión, sabía expresarla con mucha asertividad, aun si iba en contra de la opinión general. Sus comentarios eran muy respetados y valorados porque su actitud denotaba confianza y ella hacía lo mismo con los demás: los sabía escuchar. Una gran lección que nos dio a todos fue el día que cometió un error garrafal en un proyecto de la compañía. Ella misma fue quien nos hizo ver a todos su falta: *Siento mucho haberme equivocado, no debí hacer esto así, tenemos que enmendarlo juntos cuanto antes*, nos dijo. Me llevé una gran lección de humildad y seguridad, pues no solo se debe tener confianza cuando creemos que estamos haciendo bien las cosas, también debe servirnos para asumir nuestras equivocaciones.

¿De qué contagias a los demás: de confianza o de incertidumbre? ¿Tu actitud comunica apertura o los demás temen darte su opinión? Alguien seguro de sí mismo contagia su seguridad y sabe reconocer las bondades de otros. La gente amable sabe hacer sentir bien a los demás. Cuando haces sentir especial a alguien, contribuyes a su autoestima y su confianza. ¡Imagínate qué pasaría si todos hiciéramos lo mismo por los demás! Abundaría la cordialidad, la empatía y el respeto en nuestra sociedad, y eso se traduciría en una actitud universal maravillosa. Por eso, cuando te pregunto *¿de qué contagias a los demás?*, es porque quiero que pienses cómo te gustaría ser recordado cuando ya no estés en este mundo: como alguien que solo se ocupó de sí mismo o como alguien cuya existencia hizo sentir mejor a los otros.

¡La vida no podría ser más plena!

7

FELICIDAD EMPIEZA CON *FE*
(o cómo empezar a confiar más en ti, en Dios y en los demás)

La felicidad no es un destino al que podemos viajar, no es ropa que nos podemos poner, no es dinero que podemos ganar, ni alimento o bebida que podemos tomar. La felicidad es la experiencia espiritual de vivir cada minuto con amor, gracia y gratitud.

—Denis Waitley

1. Tu conexión con Dios

La primera vez que vi esta frase: *felicidad empieza con fe*, me pareció perfecta para el título de este capítulo donde quiero hablarte de algo difícil de poner en palabras: tener fe en *algo* divino, más grande que nosotros, que nos hace más felices y por ende nos permite tener una gran *actitud*. Sin duda, en nuestra *actitud* ante la vida se reflejan nuestras creencias acerca de lo sagrado, del sentido (o sinsentido) de la vida y nuestra confianza (o desconfianza) en ello. Para mí, eso que llamo sagrado o divino es la Sabiduría presente en todo lo que existe; es ese Dios o Energía que mueve al mundo y le da sentido, decía Albert Einstein: *es ese ilimitado espíritu superior que se revela en los más pequeños detalles* (amé esta frase y más viniendo de quien viene). Unos lo llamamos Dios, para otros es la Naturaleza, la Vida, el Tao, el Uno, el Ser Supremo, el Orden Cósmico, la chispa divina... Pero si de algo estoy convencida, es de que cuando tenemos fe o confianza en esa sabiduría o energía divina común en todo y en todos emana en nosotros una serenidad que propicia una *actitud* súper armoniosa.

Para sentirnos felices necesitamos estar en paz, tranquilos con nuestras creencias y convicciones. La confianza en Dios y sabernos parte de un plan perfecto y divino nos permite, entre otras cosas, sentirnos acompañados (por Dios y por todos los que vivimos en este planeta). La vida nos revela su gran significado solo si tenemos la *actitud* —la apertura y la disposición— para ver lo sagrado que hay en ella hasta en las cosas más pequeñas. Y cuando tenemos fe en lo sagrado, todo lo que hacemos adquiere un significado trascendental —un sentido espiritual— que completa y enriquece nuestra existencia. Me encanta pensar que un científico como Albert Einstein intuyó, a lo largo de su vida, la existencia de algo *impenetrable* para la mente humana, manifestado como la más alta sabiduría, la más radiante belleza revelada en la armonía de todo lo existente. Habló de **armonía** como sinónimo de esa Sabiduría, Energía o Dios a que me refiero. Muchas de las mentes más brillantes en el campo de la ciencia han llegado a las mismas conclusiones sobre la innegable existencia de esa gran fuerza o energía que anima al mundo. Y me refiero a científicos para demostrarte que incluso las mentes más *racionales* han confiado en la existencia de eso maravilloso e infinito que a todos nos mueve.

*La espiritualidad es ese proceso de búsqueda y descubrimiento, de asirse a algo sagrado e infinito que nos permite darles a nuestras vidas un propósito y un significado más amplio y, por lo tanto, nos ayuda a tener una **actitud** más serena y confiada.*

La espiritualidad es una actitud

Hablar de espiritualidad es complicado porque tiene significados distintos para cada quien. Para empezar, no debe confundirse con religiosidad. En efecto, tenemos a la tía súper mocha que por más que va a misa diariamente tiene un carácter espantoso, o al cuate que cree que va a reencarnar en mosca si se porta mal y por eso tiene una *actitud* temerosa y muy negativa. La religión es una de las formas de ejercer nuestra espiritualidad, pero ni ir a misa todos los domingos ni hacer yoga dos veces por semana garantizan el crecimiento espiritual cuando nos importa un rábano la vida de otros o cuando el resto del día no actuamos de manera congruente con nuestras creencias... La espiritualidad es cómo nos relacionamos con eso sagrado o divino a lo que le tenemos fe y cómo lo integramos a nuestra vida cotidiana. Ni Jesús ni Buda vinieron a hablarnos solo de cosas del más allá, ni a decirnos que lo sagrado de la vida está en otra dimensión o fuera de esta Tierra. Tampoco dijeron que solo podemos acceder a lo sagrado evadiendo a los demás, encerrándonos en un claustro de por vida o meditando 12 horas seguidas. Sus principales mensajes tienen que ver con desarrollar un corazón compasivo, con ser más empáticos con los otros y actuar de buena fe. ¿A cuánta gente conoces (además de la tía y el tipo miedoso mencionados) que van a misa o meditan diario para *encontrarse y alcanzar la serenidad*, pero en lo cotidiano no le tienen tolerancia a quienes no comulgan con su rollo? No se puede ser espiritual nada más los domingos o dos veces por semana durante una sesión de Tai Chi. Mi maestra de yoga me dijo un día que la práctica más importante se hacía fuera del tapete. Hay que unirse con el mundo, ser compasivos con los demás, escuchar al otro, ser tolerantes, cooperativos y ofrecer algún servicio. Hay muchas prácticas, técnicas y religiones para ejercer nuestra espiritualidad, todas valiosas, pero ninguna tiene sentido si no eres congruente y trasladas dichas prácticas a tu rutina.

La oración, hacer yoga y meditar, la reflexión silenciosa o el contacto con la naturaleza son algunas opciones para ejercer nuestra relación con lo sagrado. Hay quienes encuentran un significado sagrado en diversos aspectos cotidianos de su vida: la naturaleza, el arte, los valores, la familia... ¡Qué maravilla! Si ejercemos nuestra espiritualidad en el día a día, dejaremos de invertir nuestra energía y tiempo en pensamientos y actividades que poco aportan a nuestra buena *actitud*. La auténtica espiritualidad fomenta la coherencia entre nuestros pensamientos y acciones. De alguna manera, es una *actitud* que debe servirnos para tener palabras y pensamientos bondadosos y positivos hacia nosotros y hacia los demás, sin juzgar a quienes no estén en nuestro mismo camino; es aprender a ver a Dios en cada uno, descubrir lo que nos une a todos y actuar en congruencia.

La espiritualidad y tu bienestar

La fe es un factor que hace la diferencia entre las personas que se sienten felices y optimistas, y las que reflejan índices menores de bienestar y satisfacción general. Existe una gran relación entre el bienestar espiritual y la salud. Hay numerosos testimonios de la relevancia que tiene la espiritualidad en el proceso curativo de los pacientes. En un hospital de Ohio se llevó a cabo un estudio con más de 600 ancianos, el cual demostró que quienes creían que Dios los acompañaba en su proceso tenían un mejor pronóstico de sobrevivencia, comparado con el de quienes creían que Dios los había abandonado. En México, un estudio con pacientes mayores de 65 años, por parte de la Facultad de Enfermería de la Universidad Autónoma de Nuevo León, comprobó que a mayor espiritualidad, mayor fortaleza relacionada con la salud. La fe juega un rol importante en la longevidad, y cuando alguien tiene conflictos con su espiritualidad, su bienestar no encuentra el punto de equilibrio.

Mi amiga Magda, psicoanalista, también me ha confirmado el papel que juega la fe en el proceso de transformación de sus pacientes: quienes creen en algo superior o divino se sobreponen a las adversidades con mayor facilidad, logran una mejor evolución y una transformación de su actitud más veloz y que quienes no tienen fe en algo. Yo estoy convencida de ello, tener fe en lo sagrado de la vida, en que hay un sentido, Dios, Energía o como quieras llamarle, nos ayuda a vivir una vida plena. Considera que somos cuerpo, mente y espíritu, no más uno que otro, y para lograr el bienestar y la salud integral, para ser más felices y tener una buena actitud debemos incluir la espiritualidad en esta ecuación.

2. Más confianza y menos control

El gran descubrimiento de mi generación es que la gente puede alterar sus vidas alterando su actitud mental.

—WILLIAM JAMES

No podía creerlo, luego de varios años de intentarlo, ese día la prueba anunciaba que posiblemente estaba embarazada. Lo comprobé con el médico: se había dado el milagro en mí. Recuerdo que durante el tiempo que intenté desesperadamente quedar embarazada mi ginecólogo siempre me dijo que, además de los tratamientos de fertilidad, no había mucho más que pudiéramos hacer para tener un bebé, que había que dejárselo al de allá arriba. No era la primera vez que escuchaba a un médico decir que la ciencia no tiene ni todo el control ni todas las respuestas. Intenté de todo (homeopatía, tés, manteadas o acomodadas del vientre, acupuntura, constelaciones familiares...) hasta que, ¡aleluya!, me rendí. Estaba agotada porque era mucho lo que tenía que hacer y controlar; frustrada porque nada resultaba y enojada con la vida por fallarle a mis planes. Cuando decidí parar, fui a platicar con un sacerdote que me hizo plantearme la posibilidad de que tal vez nunca me embarazaría. Fue muy duro, pero me hizo ver que aun sin hijos mi vida no dejaría de tener sentido. Lloré y fue difícil asumir esa posibilidad, pero solo así logré soltar el control y liberarme de una carga tan pesada: ¿quién me había dicho que yo era la responsable de crear una vida o que estaba en mis manos controlar algo tan sagrado? Dejé de intentar controlar el milagro..., y fue entonces cuando el milagro se dio...

Si estamos desconectados de nuestra espiritualidad nos obsesionamos por tener el control de todo; si no confiamos en que la vida es sabia, no creemos que las cosas podrán resolverse sin nuestra intervención. A veces, muchos de nuestros *problemas* solo requieren tiempo para verlos desde otra perspectiva, para que se calmen las aguas y tomemos distancia. Cuando dejamos pasar un tiempo razonable, en lugar de obsesionarnos con resolver las cosas al instante, permitimos que algún cambio suceda y que algo o alguien más se hagan cargo. Soltar el control y permitir que las cosas fluyan sirve para que se reajuste el escenario.

Queremos tener el control de todas las cosas: que los demás piensen o hagan lo que haríamos, que nuestros planes se cumplan al pie de la letra, que las cosas se nos den en el momento, hora y lugar que planeamos. No estamos dispuestos a negociar con los demás ni con la vida. En mi caso, tuve que darme muchísimos topes contra la pared hasta que aprendí que solo cuando fluyes y dejas de oponer resistencia las cosas se te dan. Estoy convencida de que todo, absolutamente todo lo que anhelas de corazón, puedes lograrlo en esta vida, pero no al mismo tiempo. Hay que aprender a esperar, permitir que la vida nos muestre cuándo es el momento indicado para que sucedan las cosas que tanto queremos.

Por supuesto, esto no significa quedarte de brazos cruzados, tu tarea es poner todo de tu parte, empezando por tu *actitud*, para que el Universo se alinee y reúna todas las condiciones favorables para que logres tus más anhelados propósitos. Uno debe tener la sabiduría para descifrar lo que el universo quiere decirnos cuando encontramos resistencia. En ese punto es mejor no forzar las cosas y darte la oportunidad de escuchar lo que la vida quiere decirte con un *no*. Si te aferras y decides pasar por encima de esa advertencia, estarás oponiendo resistencia a la resistencia. Consecuentemente, saldrás rebotando hacia el lado contrario, alejándote aún más de tu objetivo. Todo lo que queremos se nos puede dar si aprendemos a ser pacientes y a reconocer cuándo es el momento indicado para las cosas. Cuando se te dan o no las cosas que más quieres, la vida te está diciendo si eso era o no para ti.

Mucha de nuestra obsesión por tener todo bajo control tiene que ver con nuestros miedos: a lo desconocido, nos aterra no saber hacia dónde va a llevarnos algo si no lo controlamos. Queremos garantías de todo porque buscamos sentirnos siempre seguros. Confía. Confía en Dios, en la Naturaleza y en su sabiduría. Confía en esa armonía que pone todo en su lugar. Aprende a vivir la vida en vez de intentar controlarla. Si eres terco y fuerzas las cosas te perderás la oportunidad de encontrar las lecciones detrás de cada situación que se te presenta y, sobre todo, le estarás cerrando la puerta a nuevas cosas, mejores de las que esperabas. Las relaciones también tienen su momento, no las fuerces.

Finalmente, vale la pena decir que no todo lo que nos pasa deba tener un glorioso significado, no todas son lecciones, y esta idea en sí misma es una lección: hay que comprender que somos parte de un organismo y, como tal, estamos sujetos a las leyes de la naturaleza, a las convenciones sociales y a la interferencia de otros factores que no podemos controlar, pero que inciden en nuestra vida. Si algo no se te da y tampoco le ves una lección o un propósito, déjalo ir, no le busques demasiadas explicaciones. Recuerda que una *acti-*

tud así te permitirá fluir. Hay que aprender a adaptarse a las circunstancias que no nos gustan porque NO TODO EN ESTA VIDA NOS TIENE QUE GUSTAR, CAUSAR PLACER O DARNOS UNA GRAN LECCIÓN. No todo tiene un porqué. Los occidentales queremos encontrarle razones a cada cosa, hasta por qué nos gustan más las fresas que las zarzamoras. Disfruta y contempla la vida tal como es: curiosa y divertida. ¡Déjate sorprender!

3. Dile adiós al piloto automático / aprende a vivir el momento

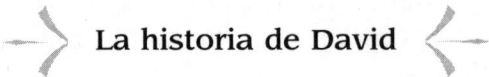
La historia de David

Mi vida no ha cambiado mucho, tengo el mismo trabajo desde hace seis años, la misma familia, los mismos amigos...; sin embargo, no soy el mismo ni las cosas que hago son las mismas. Dejé de vivir con el piloto automático, reaccionando ante lo que me pasaba, en lugar de sentirlo y asumirlo. Me distraía con otras cosas para no experimentar mis sentimientos. Comía y trabajaba en exceso, y me convencí de que esa era mi forma de vida, pero ahora mi cuerpo es mi templo, se siente mejor y yo me encuentro mejor. Me siento en casa finalmente, y aunque nada allá afuera ha cambiado mucho..., yo sí cambié, me encontré con Dios.

Así se expresó David, una persona que conocí en un retiro de yoga y ayurveda, al contarnos su historia. Había llevado una existencia automática, no se detenía a contemplar la vida, no se daba un segundo para conectarse con sus emociones, no quería rascarle y toparse con aquello que le causaba angustia y vergüenza. No hubiera sido necesario atreverse a hacerlo si no fuera porque su vida empezó a ser un caos: olvidaba citas, siempre perdía sus llaves, tenía muchos accidentes (afortunadamente no de graves consecuencias) y vivía un enorme estrés. Al principio creía que la solución estaba en cambiar de trabajo, en irse a vivir a otra ciudad y en encontrar una pareja para establecerse. Ese día en el retiro nos dijo: *Ni me he casado, ni renuncié a mi trabajo ni me fui de la ciudad. Lo que necesitaba era aprender a vivir en el momento, a poner atención y a relajarme para reconectarme con Dios.* David encontró en hacer yoga y meditación una forma de serenarse y ver su vida con mayor claridad. Encontró el verdadero origen de sus problemas, se reencontró consigo mismo y descubrió que sus defectos podían ser virtudes, y que no había nada de qué avergonzarse de su pasado. Tuvo más compasión consigo mismo, y simplemente se relajó y aprendió a bajarle *dos rayitas* a su acelere. Su vida no cambió radicalmente, pero su *actitud* sí.

Desde hace más de 2,000 años los budistas han practicado la meditación como una forma de conciencia plena. En el corazón de la meditación budista se encuentra la habilidad de enfocarse en el ahora, con toda nuestra atención y nuestros cinco sentidos, sin juicios, ni pensamientos. Algo que ahora muchos psicoterapeutas y científicos del mundo occidental han bautizado como *Mindfulness*: la atención plena. Señalan que la práctica de la atención plena nos da claridad para experimentar el momento presente con todo nuestro potencial, ayuda a eliminar hábitos poco saludables y nos libera de una mala *actitud*. Pero creo que el beneficio más tangible si pones toda tu atención en lo que haces es que fluyes por la vida sin resistencia y disfrutas de todas las cosas. En pocas palabras: promueve una gran *actitud*.

Cuando no estamos atentos, nos perdemos de los detalles que enriquecen nuestra existencia porque nuestra mente está en un lado y nuestro cuerpo en otro. Víctor, mi querido esposo, es un distraído de lo peor. Cómo nos reímos el día que llamó al mecánico para que viniera a ver el coche y, al contestarle en el taller, lo primero que dijo Víctor fue: *¡Bue-*

nas noches, llamo para mandar un saludo! ¿¿¿¿Creyó que estaba llamando a una estación de radio????

Estar distraídos a veces no tiene nada de malo; lo de *vivir el momento* significa que dejes de estarte tronando los dedos de la preocupación cuando estás en una reunión con tus amigos y aprendas a disfrutarlos, ya habrá momento para ocuparte de tus preocupaciones. Estar atento al momento significa que si estás con tus hijos jugando, realmente estés ahí con ellos y no con tu mente en el trabajo. Significa gozar lo que estás haciendo en el momento y detener el parloteo mental: *Mañana tengo que hacer esto / No entiendo por qué fulanito no me llamó / Debo ir a recoger la ropa a la tintorería / Mi inversión ya está venciendo / No debí enojarme con fulanita, ¿qué le voy a decir mañana que la vea?... bla bla bla.* ¿Y por qué luego nos quejamos de que el día se nos va rapidísimo, de que no logramos concretar lo que debíamos hacer, que no tenemos tiempo para nuestras motivaciones ni para convivir con los demás...? Si no vives en el momento, si no estás atento, además de perder tus llaves todo el tiempo y de vivir eternamente abrumado por tus pensamientos, te estarás provocando mucha ansiedad porque tus preocupaciones no te dejarán ver que aquí, ahora, tienes la posibilidad de disfrutar tu vida.

Por supuesto, y seamos honestos, no vamos a pretender que cada minuto de nuestra vida cuente, como dicen algunos, ni que vivamos con absoluta intensidad y conciencia plena cada segundo. ¡Qué cansado sería! A ver, ¿quién no quiere relajarse tantito y dejar de pensar y poner atención en cada detalle al menos en algún momento del día? Distraer la mente es delicioso, y resulta que esto de la conciencia plena también aplica en los momentos de ocio: disfruta el cine, estar echado sin hacer nada, siente tu respiración, saborea tus palomitas, no pienses en nada más que en ver y gozar tu película. Eso también es poner todos tus sentidos, ¿no crees? Goza tu ocio sin estar, otra vez, preocupándote por tus problemas. Vamos, que los expertos en *Mindfulness* no se han equivocado, porque es cierto que para vivir una vida plena debemos estar absolutamente conectados con el presente.

La conciencia plena es lo contrario de vivir en piloto automático, significa que incluso en las actividades más simples y cotidianas podamos estar atentos y permitir que nuestra mente no esté anclada en pensamientos negativos; significa ser más receptivos a la vida y a lo que nos sucede. Hacerlo tiende un puente con tu espiritualidad.

Hay muchas formas de practicar la conciencia plena, como desconectarnos momentáneamente de nuestras actividades y hacer una larga y pausada respiración. Una sesión de psicoterapia también es una forma de conciencia plena, lo mismo una sesión de yoga, meditación o hacer una oración. También puedes practicar momentos de gran atención y presencia si te sales a caminar al parque ¡sin celular ni otros distractores!, simplemente respiras y ves con atención las cosas que te rodean. Desenchufa tu mente y experimenta cada momento.

La serenidad y satisfacción que tanta falta nos hacen en este mundo *caótico* solo podemos recuperarlas si vivimos más atentos y conectados a Dios, al Universo, a los demás. ¿Cómo te hace sentir alguien que te pone toda su atención?

Practicar la conciencia plena ejerce
*una poderosa influencia en nuestra **actitud**:*
nos ayuda a sentirnos más felices
y conectados con el Universo.

Los momentos mágicos

Muchas personas se pierden las pequeñas alegrías mientras esperan la gran felicidad.

—Pearl S. Buck

Cuando leí Comer, rezar y amar *de Elizabeth Gilbert no pude dejar de sentirme (igual que muchos lectores) identificada con la trama. En ese momento de mi vida acababa de perder al mismo tiempo a mi padre y al bebé que esperaba, y creía que solo yéndome a la India a un retiro espiritual lograría encontrarme conmigo misma, reconectarme con mi sabiduría interior y recuperar la relación perdida o fracturada que tenía con Dios. A diferencia de la protagonista de aquella historia, yo no estaba para nada en la posición de dejar* TODO *(familia, esposo, trabajo) para largarme a la aventura por un año, ni siquiera un mes. Sin embargo, pensé que si no podía irme 12 meses a Italia, Bali e India, al menos podía armarme un plan a una playa recóndita y alejada, irme sola y llevarme mis libros, mi computadora, mi diario y pluma, mi música y mi tapete de yoga. Pedí mis vacaciones y platiqué con mi esposo: él me alcanzaría los últimos dos días de mi semana de reencuentro.*

Los dos primeros días de mi retiro no pasó nada excepcional: me despertaba tarde, comía sola, me tiraba en la playa todo el día y me tomaba un par de tequilas para relajarme. Leía y me ponía a escribir, pero no pasaba algo extraordinario, ninguna iluminación o revelación mágica, ningún mensaje. Así pasaron los días, sin que nada me trajera la señal divina que estaba esperando. La última tarde sola, antes de que llegara Víctor, fui a caminar por la playa, enchufada a mis audífonos. Ya comenzaba a hartarme tanta soledad, me sentía lista y con muchas ganas de platicar y retomar mi vida rutinaria. Había un hermoso atardecer, el sol empezaba a esconderse iluminando de naranja lo que tocaba. La espuma del mar acariciaba mis pies mientras caminaba, y en algún punto decidí detenerme a mirar el horizonte. Me quedé quieta, noté que mi mente había dejado de parlotear, estaba libre de ideas. Mis pies firmes se sumían cada vez más en la arena, dejé de moverme por varios minutos.

De pronto, el mar se echó para atrás con un jalón más fuerte del habitual. El agua se alejó, se limpió el suelo y pude ver a mi alrededor la arena barrida y plana. De pronto noté una pe-

queña piedra blanca, muy blanca y redonda junto a mis pies, era del tamaño de la palma de mi mano. La tomé y la apreté sobre mi pecho. Cerré los ojos y deposité en ella mi tristeza y mi duelo: necesitaba decirles adiós a mi papá y a mi bebé. Tenía que dejarlos ir, vivir mi vida sin arrastrar sus sombras. Mis pensamientos se habían aferrado a revivir el dolor de la pérdida, pero mi corazón anhelaba cerrar la herida, sanarse y volver a llenarse de alegría. Mi espíritu quería estar en paz con Dios y con la vida. Estábamos peleados mente, cuerpo y corazón. Apreté la piedra instintivamente, visualicé a mi papá y a ese bebé que nunca pude tener en mis manos y, sin decir algo, la arrojé al mar con toda mi fuerza. Le pedí a la Naturaleza que se llevara mi pena y me regresara la esperanza que había perdido; que se llevara los tristes recuerdos y me devolviera la ilusión, la fe, la alegría de vivir. Cuando cayó la piedra lejos me sentí liberada... se desató el nudo que había estado apretando mi garganta en los últimos meses y de mis ojos comenzaron a escurrir las lágrimas. Justo en ese momento, el agua dejó de retroceder y regresó con fuerza. Sentí el golpe del mar en mis piernas en una especie de saludo. El mar me había dejado sola unos segundos para luego volver y recordarme que ahí estaría siempre, acompañándome, reconfortándome con su cadencia, enjuagando mi tristeza. Siempre estaría ahí para sanar los recuerdos dolorosos, los juicios duros que siempre me había hecho. Mis lágrimas se confundían en mi rostro con el agua salada del mar, que me refrescaba y me renovaba. Mi llanto era de alegría, me sentía reconfortada por mis ancestros, por los que ya no estaban, por la Naturaleza y por Dios. Los ausentes se despedían —su presencia me acompañaría de otra manera— y volví a abrirle la puerta a mi vida, aquella que yo misma había dejado en pausa a causa de mi miedo y mi dolor. Sentí un profundo alivio. En ese momento noté que el sol terminaba de esconderse tras el horizonte. Desenterré los pies de la arena y comencé a caminar despacio. Volvieron a mi mente las ideas, pero ahora eran ideas compasivas y de mucho amor. La Cyn-

thia que me gusta, la que me quiere y a la que le encanto, me apapachaba. Había congruencia entre mi mente y mis emociones, mi espíritu y mi intuición. Me sentí una finalmente, ya no estábamos peleadas yo y yo. Empecé a darme cuenta de que la vida que tanto temía vivir ahí estaba, sucediendo todos los días, esperando a que me apropiara de ella y decidiera disfrutarla. Di un paso y sentí algo: ahí estaba de nuevo la misma piedra, blanca, limpia, perfecta. La recogí y la guardé para siempre. Y en ese momento, en ese instante de gracia, noté que en mi iPod sonaba la que para mí y para mi papá fue nuestra canción favorita: "What a Wonderful World"... Suspiré y seguí caminando. A lo lejos vi a Víctor, que acababa de llegar. Me limpié el rostro, agradecí todo lo que tenía en ese momento y decidí retomar mi vida donde la había dejado.

La atención o conciencia plena en nuestra vida cotidiana nos permite reconectarnos con lo sagrado que hay en el mundo, nos acerca mucho más a experimentar a Dios en casi todas las cosas que hacemos. Cultivar la atención o conciencia plena ayuda a que nuestra mente y nuestro corazón se conecten con lo divino, con lo que está pasando en el momento. Cuando lo practicamos despierta en nosotros la capacidad que todos tenemos de ver lo extraordinario en lo ordinario. Es cuando se nos revela lo sagrado o, en palabras de mi escritora favorita, Clarice Lispector, cuando tenemos oportunidad de apreciar y experimentar los instantes de gracia —esos efímeros momentos de inmensa felicidad— que le dan un sentido profundo a nuestra experiencia cotidiana.

En nuestra vida de rutina podemos experimentar a Dios o la armonía de la que hablaba Einstein si nos permitimos momentos mágicos de absoluta felicidad y estamos plenamente atentos y con una ***actitud*** abierta al Universo. Esta inmensa felicidad no es exclusiva de situaciones grandiosas en nuestra vida como una boda, una graduación, la culminación de un proyecto, el nacimiento de un bebé, sino que también se dan en medio de lo rutinario. Ya los conoces, aquellos momentos cuando te sientes más feliz que nunca, y ¡deseas de corazón la paz mundial! No hace falta vivir una experiencia mística para experimentar a Dios. La vida es un milagro todos los días, y si no lo crees, observa cuántos milagros ocurren a diario frente a tus ojos. Para que los momentos mágicos lleguen a tu vida con mayor frecuencia, disfruta cada instante y sé feliz, cambia tu *actitud*. Te sentirás más agradecido por todo lo que tienes y empezarás a notar que el Universo conspira a tu favor, que las cosas comienzan a darse fácilmente en tu vida, que todo lo que anhelabas, incluso lo que no sabías que deseabas, se te presenta como un regalo del Universo que está alineado en tu beneficio.

Mucha gente es incapaz de ver y valorar las cosas maravillosas que la vida le ofrece, por lo tanto no encuentran satisfacción ni alegría en ellas. Decía Joyce Grenfell, una cantautora y comediante inglesa de los años 50, que la felicidad es el momento sublime de quitarse el corsé. Esos momentos simples al quitarte los zapatos o la corbata o los tacones después de un día muy ajetreado; cuando saboreas un platillo delicioso que te transporta a un momento agradable... cuando disfrutas un pan tostado con la tranquilidad de terminar bien una larga jornada, mientras ves un programa de televisión que te hace reír, compartir un lindo momento con quien más quieres... Son pequeños detalles que alimentan el espíritu y le dan sabor a los días ordinarios. La gente con mala *actitud*, enojona, criticona, que siempre está de malas, se pierde de estos instantes.

> ***La mente cree que el espíritu busca algo***
> ***que está afuera, cuando en realidad***
> ***está en tu corazón.***

Por eso te digo que cuando sientas que hace mucho no llegan estos momentos *mágicos* a tu vida, no pienses que hace falta dejarlo todo, cerrar tu casa, despedirte de tu familia y amigos, renunciar a tu trabajo y tomar un avión que te lleve lo más lejos posible para reencontrarte contigo y con Dios. La Sabiduría de la vida está presente en todos lados, en los instantes más cotidianos, y basta que te reconectes con tu espiritualidad para empezar a verlos. Ningún viaje lejano hará el trabajo por nosotros. Claro que los momentos de soledad y de total comunión con la naturaleza pueden traerte muchas revelaciones, y los escenarios majestuosos facilitan los momentos de inspiración y comunión con Dios, pero no podemos pasarnos la vida huyendo ni creyendo que las respuestas están afuera, lejos, en una playa maravillosa o en un escenario ultra inspirador. En cualquier instante puedes reconectarte con tu esencia, con tu alma y tener un momento mágico, de inspiración y unión entre la Naturaleza y tú. Basta callar un ratito la mente y experimentar el momento presente con mucha intención para que esas respuestas que buscas afuera emerjan de ti y hagan *click* con tu realidad. Si te permites esa conexión, esa comunicación entre tu esencia y el Universo, las reflexiones y la comprensión de las cosas te llegan así, de repente, sin necesitar muchas palabras.

Cuando regresas a ti, cuando vuelves la mirada y tu atención a escuchar tu voz interior, tu sabiduría interna, te das cuenta de que Dios siempre ha estado ahí, siempre a tu lado, en las penas, en las alegrías, en los sinsabores de la vida, las subidas y bajadas, en los momentos en que más solo te has sentido y en los de inmensa alegría.

La vida nos da todos los días muestras reales de que hay algo grandioso que nos anima y nos conecta con el Universo.

4. La importancia de honrar tu pasado

El agua que tocas en la superficie de un río es la última de la que pasó y la primera de la que viene: así el instante presente.

—Leonardo da Vinci

Hoy en día son múltiples las personas entendidas y los libros que hablan de vivir en el presente como única vía para lograr una vida plena y satisfactoria. Tienen razón. Dicen que solo viviendo en el ahora lograremos hacer a un lado sentimientos que nos atormentan, como el arrepentimiento, el miedo, la culpa y el dolor provocados por experiencias del pasado. Explican que la mejor forma de vivir felices es olvidándonos del pasado, cortando amarras de este para dejar de añorarlo o seguir enganchados con lo que nos pasó; también afirman que dejemos de pensar en el futuro, pues hacerlo solo causa ansiedad y frustración. Y es completamente cierto, vivir enfocados en el momento presente es una buena filosofía para disfrutar la vida y gozar cada instante, pero negarte a recordar tu pasado es anular lo que has vivido, lo que te ha llevado a ser quien eres hoy. Seamos honestos, ¿en verdad creen que es posible dejar de voltear al pasado? Solo un amnésico podría borrar años de experiencias y vivir con la mente en blanco todos los días. El pasado también nos enriquece, así que no está mal honrarlo.

No hay como hacer las paces con tu pasado, darle su justo lugar en tu *altar* de la vida, donde conservas lo más importante y sagrado de ti, pues gracias a tu pasado ahora eres quien eres. No te avergüences de tu herencia, tus padres, tu historia y tus experiencias previas, pues te han llevado hasta este lugar de descubrimiento y crecimiento donde estás, y solo sintiéndote orgulloso de lo que eres, y de todo lo que has sido, podrás aceptarte y vivir plenamente feliz y con una buena *actitud*. Agradece y abraza tu pasado con aceptación, solo así podrás guardarlo en un sitio especial de tu corazón y dejar de luchar contra él, de sentirte víctima de las cosas que te pasaron.

Aprende a repasar tu pasado de manera objetiva, necesitas claridad de pensamiento y mucha *actitud* para ver las cosas desde la perspectiva del presente. La distancia y tu madurez de hoy te servirán para no revivir el pasado o instalarte en la *actitud* que tenías en el momento que las cosas sucedieron. Recuerda que has crecido y ganado experiencias, y si no puedes dejar de ver el pasado con los mismos lentes de siempre, con rencor, odio, amargura o sintiéndote víctima, será un indicio de que no has crecido y no aprendiste nada respecto de lo que te pasó.

Permite que tu pasado conviva en armonía con tu presente; no traigas a colación el ayer con resentimiento en cada oportunidad que tienes, ni te sigas agarrando a este para justificar tu mala *actitud* o explicarte a ti mismo las cosas; es la clásica *actitud* de quien dice *la gente es mala onda, siempre te quieren ver la cara*. Aloja los recuerdos en tu memoria sin que te causen sufrimiento si reaparecen, es imposible que no se asomen a tu presente, no te esfuerces obsesivamente por olvidarlos. La mejor forma de disfrutar tu presente no es dejar clausurado el pasado o avergonzarte de tu historia personal.

Reconcíliate con tu pasado

1. Comprende por qué pasaron las cosas.
2. Perdona.
3. Acepta que YA PASARON.

Comprender es ver, desde una perspectiva clara, cómo son las cosas sin ponerles una etiqueta. Cada persona tiene su forma de ser y no vas a cambiarla, lo mejor es tratar de imaginar por qué hacen lo que hacen y comprender que no siempre hay una mala intención.

Perdonar te libera, dejas de sentirte mal por lo que pasó y dejas de culpar a alguien más por cómo te sentiste. Si no perdonas, revives el dolor y te haces más daño del que originalmente sentiste. ***Perdonar es una actitud***, no hace falta que se arreglen las cosas o que alguien se arrepienta y te pida perdón para que dejes atrás el *problema*. Tú decides cambiar o no tu perspectiva de los sucesos, y si es muy tarde para perdonar a alguien que te lastimó, si esa persona está lejos, si ya no puedes localizarla o murió, recuerda que el perdón no es un papelito que se otorga, es liberar a otro y a nosotros de tanto dolor, hacer las paces con aquella persona (aunque no esté presente) y dejar atrás lo que pasó.

Acepta que las cosas ya pasaron. Solemos engancharnos un día, dos semanas, tres meses, cinco años o el resto de nuestras vidas con aquello que nos causó dolor. En *El poder del ahora*, Eckhart Tolle dice que el problema de vivir con la mente en el pasado es que nuestra mente hoy está convencida de que ese dolor se repetirá de nuevo. Asumir que alguien va a comportarse contigo igual que otra persona lo hizo en tu pasado es no permitirte tener nuevas experiencias. Claro que el ayer sí importa, de ahí provienen tus lecciones para que hoy no vuelvas a tropezar con la misma piedra. Puedes hacer las paces con tu pasado volviendo a narrarlo desde una nueva perspectiva, como si fuera una nueva historia. Quítale los adjetivos (malo, doloroso, injusto...) y deja fuera a la víctima y al villano, al odio y al resentimiento. Pon la atención en las partes buenas que sí hubo y deja de enfocarte en las heridas. Finalmente, suéltalo, libérate. En *Dios nunca parpadea*, dice Regina Brett: *El perdón es perder definitivamente la esperanza de un mejor pasado*. Aunque suena duro, acepta que lo que sucedió ya pasó y no podrás cambiarlo; eso te hará sentir mucho mejor que seguirte lamentando porque las cosas no fueron de otra manera. El pasado no tiene por qué repetirse si eres cuidadoso y entiendes por qué salieron mal las cosas.

Cuida el presente porque en él vivirás el resto de tu vida.

—Facundo Cabral

Respecto al futuro, por supuesto que no es muy útil estar pensando solo en el futuro, ya que lo único real que tienes y te consta es el presente. Mucha gente deja su felicidad, el perdón, las motivaciones de su vida para mañana. Lo que hacen es desperdiciar el presente... Disfrutar la vida, perdonar, conocerte, son tareas que debes hacer hoy. La vida no se disfruta en tiempo futuro (*seré feliz, me reiré mucho...*) porque el futuro nunca llega. Pensar en el futuro sirve para confiar en que todo puede estar mejor, que siempre tienes la posibilidad de seguir aprendiendo. El futuro es una esperanza que alienta, representa las posibilidades que están a la vuelta de la esquina (mañana, pasado, en unas horas...). Pero recuerda: hoy es el futuro de tu ayer, y dime, ¿lo estás disfrutando? ¿Así querías sentirte?

Si hoy estás bien, contento, tranquilo, no pienses que mañana vas a perder todo eso. Disfruta el presente y ocúpate (en vez de preocuparte) de que así siga siendo en el futuro. Si confías en Dios, en la Sabiduría de la vida, en las personas, te liberarás del miedo al mañana que te paraliza hoy. Libérate y goza este momento, ese es el verdadero poder del ahora.

5. ¿Dónde está la felicidad?

La felicidad no es riqueza ni esplendor, sino tranquilidad y estar ocupado.

—Thomas Jefferson

Tener *actitud* de agradecimiento, cuidar tu cuerpo, desarrollar el autoconocimiento, ser más optimista... cuando pones en práctica todos estos hábitos tu *actitud* ante la vida empieza a cambiar para bien. Y cuando empiezas a ver la vida con ojos nuevos, te sientes más feliz, es así de simple. Respecto a la felicidad, creo dos cosas relacionadas con la frase de Thomas Jefferson: mantenerte ocupado y sentirte tranquilo es importante para la felicidad. Hacer algo que te ocupe, que te guste, mantiene tu mente enfocada en algo entretenido, en vez de estar pensando en tonterías que te angustien. Sentirte tranquilo, en paz, no deberle nada a nadie y poder irte a la cama sin pendientes: eso es la felicidad. También, dijo Jean-Jacques Rousseau que *la felicidad es una buena cuenta bancaria, un buen cocinero y una buena digestión*. ¡Coincido! Los placeres mundanos nos pueden hacer felices. Nada como sentirte seguro financieramente, como disfrutar de una comida rica y tener buena salud. Le damos tantas vueltas al tema de la felicidad, se ha hablado sobre ella desde que el hombre tiene uso de razón; se ha escrito sobre ella en miles de libros de filosofía, economía, psicología... Todos, *expertos* y *no expertos*, han intentado cuantificarla, describirla y decir cómo podemos conseguirla.

La felicidad no conduce a nadie por el mismo camino.

—Charles Caleb Colton

¿Qué es lo que más nos hace felices? Muchas encuestas globales sugieren que la salud física y mental, los ingresos económicos, la educación, la cantidad y la calidad de las relaciones sociales, el buen gobierno, la justicia, el sentido de comunidad, son algunos de los factores indispensables para el bienestar emocional y, por ende, para la satisfacción y la sensación de felicidad. En realidad, la felicidad es algo muy subjetivo. El optimismo, la gratitud, la creatividad, la sabiduría y la resiliencia son algunos de los principales rasgos que se asocian con la capacidad que tenemos de sentirnos felices. También, como hemos visto, ciertos atributos de la personalidad y hasta cuestiones de química cerebral pueden determinar, en cada persona, su grado de felicidad. Sin duda, hay a quienes les cuesta más trabajo que a otros disfrutar las cosas de la vida, y si bien esto tiene que ver, en mayor o menor medida, con la *programación de su cerebro*, lo que más pesa es su **actitud**. No hace falta una definición profunda y complicada de la felicidad: todos sabemos cómo se siente y qué cosas nos hacen felices. Para los griegos, la felicidad consistía en dominar las *malas inclinaciones*, lo que hoy podemos traducir como evitar las acciones que nos perjudican, que no nos ayudan a crecer, sobre todo, los pensamientos y las **actitudes**. ¿Cuál es tu concepto de felicidad? Hay quienes dicen que la felicidad es la forma de hacer el recorrido por la vida; otros, que es un estado de paz interior y satisfacción, y para muchos más es una búsqueda interminable.

El propósito fundamental de nuestra vida
es buscar la felicidad.

—Dalai Lama

Para sentirnos felices debemos querer serlo. Cuando elegimos sentirnos bien, buscar nuestro bienestar emocional y físico, nos abrimos a la posibilidad de ser felices, de tal forma que hay que tener una *actitud* que se incline hacia la felicidad, que la prefiera.

La felicidad es un misterio, como la religión,
y no debe racionalizarse nunca.

—G.K. Chesterton

El poder de la actitud
La felicidad es un estado de ánimo que no es permanente, es un medio, no un fin. Sobre todo, no es algo que podamos comprar, rentar o pedir prestado, sino que es la consecuen-

cia de una *actitud* particular ante la vida. Ser feliz depende de tu *actitud*: eliges estar bien, sentirte bien y hacer todo lo que tengas que hacer (moralmente posible) para lograrlo. Sentirnos felices puede ser más simple de lo que creemos si dejamos de boicotear nuestra propia felicidad, la cual no va a llegar si nos empeñamos en evitar el dolor; surge como consecuencia de tener un corazón abierto y compasivo, un espíritu confiado y alineado con la Vida. Una actitud equilibrada (mente, cuerpo y espíritu) nos encamina a la felicidad. Por eso, nuestro estado de ánimo es clave para ser felices.

Entrena tu mente para ser feliz
Me gusta el Dalai Lama por su claridad de pensamiento y por cómo entreteje en su discurso la ciencia con la espiritualidad, particularmente con el budismo. Él ha hablado —y escrito— sobre la felicidad, y afirma que esta puede alcanzarse mediante el *entrenamiento* de la mente. No pienses que entrenarla es ponerte a pensar y razonar demasiado; para las tradiciones espirituales de Oriente, entrenar la mente tiene que ver con la psique o el espíritu, es decir, incluye cerebro, sentimientos y corazón. Entrenar nuestra mente, dice el Dalai Lama, requiere paciencia y determinación (la voluntad de la que hablábamos en el Capítulo 2). Debemos entender que solo con la práctica y el tiempo veremos los resultados. Para mí, la iluminación de la que hablan los budistas es en realidad el estado de equilibrio y bienestar mental y espiritual que tanto anhelamos, orientales y occidentales de cualquier religión; es cultivar una *actitud* propicia para la felicidad.

6. El Universo conspira a tu favor

La felicidad proviene de pequeñas cosas buenas que suceden a diario.
—Benjamín Franklin

Todo se te empieza a dar cuando te sientes feliz y confías en Dios y en los demás, cuando fluyes y dejas de vivir en piloto automático, cuando vives con conciencia el presente y abrazas tu pasado se afinan tus sentidos y eres capaz de escuchar mejor a tu intuición. Entonces, descubres que el Universo conspira a tu favor... Esa explosiva alegría que sientes cuando cada cosa que te sucede te parece perfecta, cuando recibes esa llamada que esperabas en el momento indicado, cuando reaparece en tu vida la persona que extrañabas, cuando te llaman para ofrecerte un nuevo empleo y hasta cuando un problema te parece fácil y le encuentras un lugar claro en el rompecabezas; cuando sientes que todo lo que te pasa tiene sentido y responde a los tiempos del Universo, que todo tiene que ver con ese plan divino, y empiezas a recibir todo lo que te sucede como regalos que te manda ese Universo. No hay mayor *secreto* que estar en sintonía con él, pues solo así el Universo conspirará a tu favor.

Cuando conocí a Martha Beck, life coach *y autora de varios libros de autoayuda, sentí que sus palabras resonaban en cada célula de mi cuerpo. Al terminar su conferencia, corrí a saludarla, debía hablarle, pues sentía que lo que acababa de decir me lo había dicho específicamente a mí, aunque éramos una gran audiencia, y quería agradecérselo. Me sentí profundamente conmovida cuando nos dijo que las respuestas que buscábamos las encontraríamos en nuestro interior si aprendíamos a ser más compasivos con nosotros mismos. Habló de perdonarse a uno mismo, de tener sentido del humor y reírnos de nuestros errores, de escuchar la voz interior. En pocas palabras, de la importancia de querernos más. Nos contó su historia, cuando sintió que estaba fuera de su propio camino. Sucedió mientras estudiaba en Harvard y le dijeron que el bebé que esperaba tenía Síndrome de Down. Muchos fueron los que le sugirieron detener su embarazo, especialmente en una comunidad donde la inteligencia es tan valorada. Aunque sintió* mucho miedo, Martha prefirió escuchar su intuición y continuar con su embarazo. Adam, aquel hijo, fue quien la inspiró para escribir un libro, fue él quien le dio muchas más lecciones que todo lo que pudo aprender en Harvard.

Años después me "cayeron más veintes" de la plática de Martha Beck. Fue entonces que empecé a poner en práctica la buena **actitud** y a encarar las adversidades con optimismo, a dejar de quejarme, de culpar al pasado; también comencé a disfrutar el presente y a reírme un poco más de mí misma, entré en este círculo de la abundancia que hoy me hace más feliz. Descubrí que todo lo que me sucede en la vida tiene un sentido para mí, cada cosa, cada situación, cada persona está interconectada y me siento parte del Universo; por lo tanto, estoy segura de que soy parte de un plan perfectamente diseñado. Las cosas que me suceden, las alegrías, los desencuentros, los logros, los fracasos, todo, forma parte de un plan divino donde abunda la sabiduría. Ya no me angustia tanto el futuro, ya no me exijo alcanzar todas mis metas ni ser perfecta; ya no me obligo a tener bajo control mis emociones o mis pensamientos. Me permito ser imperfecta y gozar la vida. Conforme cambia mi **actitud** me voy a la cama sintiéndome más satisfecha al final del día, ¿no se trata de eso?

Por último, ¿te has fijado que así como la palabra *felicidad* empieza con *fe*, termina con dad? DAR a los demás nuestra buena **actitud**, hacerlos sentir bien, darles reconocimiento y agradecimiento por las cosas que hacen, es contribuir a que sean un poquito más felices. Dicen que la verdadera felicidad se alcanza si la compartimos con los demás. Saber que puedes hacer sentir bien a alguien, que puedes alegrarle el día a otra persona, te provocará más felicidad de la que te imaginas. Aprende a dar a los demás y comparte lo que tienes.

8

¿PODEMOS CAMBIAR AL MUNDO?
Tu actitud + mi actitud = un futuro más prometedor

Sé tú el cambio que quieres ver en el mundo.

—GANDHI

1. El planeta: un reflejo de nuestra actitud

 La historia de un hombre en la India

Cuando el ministro de agricultura de la India daba una conferencia de prensa, surgió de entre la multitud un hombre que lo golpeó en la cara para reclamarle el aumento de precios en los alimentos y los supuestos casos de corrupción que sacuden al país. El hombre gritaba consignas referidas a la carestía y cuando fue detenido por la policía preguntó: ¿No tengo razón?

Dice Mafalda: *Paren el mundo, me quiero bajar* o *Comienza tu día con una sonrisa y verás lo divertido que es ir por ahí desentonando con todos.* Dime si no es cierto que además de las malas noticias que vemos a diario, salimos a la calle y nos topamos con que cada vez hay más gente malhumorada y hostil; además de los altos índices de furia generalizada, se sabe que cada vez hay más gente deprimida; para el año

2020, la depresión será la segunda causa de discapacidad a nivel mundial, no estará lejos de convertirse en pandemia. El estrés laboral y la ansiedad también son una preocupación creciente. ¿A poco no te has topado en más de una ocasión con alguien a quien le sonríes y no solo no te devuelve tu gesto amable, sino que te frunce el ceño como diciéndote *¡qué te pasa, ni te conozco!* Claro que hay de todo, y por fortuna todavía hay gente amable, pero es un hecho que nuestro planeta hoy es reflejo de nuestra *actitud*. Vamos por la vida con una **actitud** egoísta, juiciosa, pesimista, a la defensiva y a veces ingrata, y olvidamos que esto tiene repercusiones en nuestro ánimo y en el de los demás. Pero, ¿nos importa? Parece que no.

Hemos descuidado nuestros recursos naturales y la calidad de nuestras relaciones con otras personas porque no hemos sabido preocuparnos por el planeta ni por los demás. Nuestro ego tan grande no nos deja ver que los otros también son importantes y que dependemos de todos para nuestro bienestar y felicidad. Todos estamos aquí de paso, ¿cierto? Todos vamos en el mismo barco, entonces, ¿por qué no poner cada quien de nuestra parte para hacer agradable el trayecto?

Las consecuencias de nuestra indiferencia son las guerras, el terrorismo, el narcotráfico, la violencia, los niños abandonados y/o maltratados, la cólera generalizada en las grandes y pequeñas ciudades y un medio ambiente natural en desequilibrio. Todos estos problemas reflejan la ira, la frustración y la agresividad que late en nuestras venas como sociedad. Hemos hecho que el mundo parezca un lugar muy hostil, pero los hostiles somos nosotros, no el planeta. Con nuestras acciones y malas **actitudes** todos hemos salido perdiendo: desconfiamos y nos ofendemos unos a otros, vivimos con miedo y nos la pasamos contagiándonos **actitudes** nefastas, negativas y cargadas de resentimiento. Y vivir así no es agradable...

*Recuerdo una mañana cuando caminaba rumbo a la papelería. Llevaba a mi hijo en su carriola y nos tocó la luz verde para cruzar. Dos taxistas venían encarrerados, peleándose, y al verme se detuvieron exactamente encima de las líneas peatonales. El primero retrocedió para dejarme pasar, pero el segundo no lo hizo, se quedó sobre las rayas con una actitud retadora. Soy de las personas que creen que con una mirada o una frase reprobatoria podré aleccionar a los malos conductores. Algunas veces funciona y otras, como en este caso, me va peor. Está encima de las rayas peatonales, le dije al taxista, acercándome a su ventana. No solo no se movió, sino que además, justo cuando empezaba a cruzar frente a él, se atrevió a echarme un poquito el coche como para asustarme. Me detuve indignada, pero el tipo empezó a gritarme: ¡ni hay coche, ya cruce, pinche vieja! Cuando terminé de cruzar, me hizo una señal de insulto y se arrancó, pasándose el alto que todavía estaba en rojo. Su **actitud** fue tan hostil y de un **valemadrismo** cínico y bárbaro. Me quedé tan, pero tan molesta, ofendida por esta clase de **actitud**, sintiendo una gran impotencia y miedo por lo que pudo habernos pasado a mi bebé y a mí. ¡¿Cómo se había atrevido a asustarme, a echarnos el coche para atemorizarnos y demostrarnos su poder, cuando había sido él quien había faltado a las reglas?! Aun con toda la libertad que aquel taxista tuviera para estar enojado con la vida, ¿qué justificación podía haber en su cabezota para haber sido tan agresivo?*

*En ese momento pensé que los dos habíamos perdido mucho con esa situación: yo, por permitir que el hecho me afectara y porque me expuse a que al tipo se le fuera más a fondo el acelerador; él, porque se atrevió a hacer algo que pudo causarnos un grave daño y a él le hubiera cambiado la vida y su conciencia para siempre. Estoy segura, sin embargo, que él perdió más que yo, pues seguramente el incidente ayudó a alimentar con más frustración su pésima **actitud**. ¿Por qué tratarnos así? ¿Por qué no podemos convivir en paz?*

Esa misma tarde escuché en el radio la triste noticia de que un coche oficial se había pasado el alto, atropellando a un niño de ocho años, Iván, quien se dirigía a la escuela. Si un oficial, que es la autoridad, había sido capaz de hacer eso, ¿qué podía esperar de un taxista enfadado y sin escrúpulos?

¿Quién no se queja todos los días de este tipo de situaciones hostiles y violentas? Nos peleamos por un lugar de estacionamiento, nos gritoneamos entre coches porque ninguno quiere dejar pasar al otro, le hablamos despectivamente a la gente que creemos que está a nuestro servicio... Tanta ira, tanta prepotencia y resentimiento revelan la gran frustración generalizada y la crisis de conciencia cívica y social de nuestra época. También demuestra que, en el fondo, la gente se siente sola.

Hay que hacernos responsables de la parte que a cada quien nos toca, pues resulta más cómodo tener una actitud de víctimas para culpar a los demás, al mundo, a los políticos, al vecino, a los que están mal, por todo lo que nos pasa, que asumir que somos intolerantes, irrespetuosos e irresponsables. Levantar el dedo para señalar al otro es más fácil que mirarse con honestidad en el espejo y reconocer que a veces somos muy groseros y *valemadres* con los demás. El enojo y la frustración se contagian como un virus, pues aun cuando creemos que tenemos bajo control estas emociones, terminan por colarse en todo lo que hacemos y decimos, contribuyendo al ambiente de tensión y enojo que a nadie beneficia. Y tú, ¿qué tan enojado estás con la vida?

Del enojo al amor

Obvio que sentir enojo es válido, sanísimo y muy natural, lo malo es cuando este dura más que minutos, días, semanas o meses y se convierte en tu estado de ánimo permanente. Si ves la vida desde esta emoción, el mundo te puede parecer un campo de batalla al que debes salir todos los días a la defensiva, con la espada desenvainada. Ahora suma cuánta gente en el mundo piensa igual... Creer que el mundo está en tu contra te hace hostil porque crees que necesitas defenderte de las posibles agresiones de los demás, cuando en realidad ni te están atacando y probablemente ni te están haciendo caso. Si al enojarte tu visión se nubla y dices cosas hirientes sin pensar, si tienes una imagen recurrente de querer golpear a alguien o si todo lo que te dicen o hacen los demás lo percibes como una agresión deliberada, tu *actitud* está pintada por un gran sentimiento de enojo que habita en tu mente y en tu corazón. Si sientes que no puedes controlar tu furia ni ponerte en los zapatos de los demás, necesitas hacer algo para resolver el origen de tanta ira. Cuando tu enojo se convierte en una ira permanente y empieza a tener consecuencias es recomendable buscar ayuda. Lo más absurdo es evadir tu enojo y tragártelo, te haría mucho daño. Tampoco puedes liberarlo con más violencia o agresión. Querer golpear a alguien (*o querer atropellarlo...*) y ver a las demás personas y situaciones como tus enemigos no va a llevarte a donde quieres llegar: a ser la mejor versión de ti mismo ni a vivir una vida plena, aunque creas que no te hacen falta los demás para lograrlo. De hecho, esa *actitud* puede conducirte a prisión o, peor aún, a un encierro emocional en el que te sentirás solo y donde tu única compañía será la amargura.

Maneja tu enojo, no lo evadas.

Al sentirte enojado lo importante es hacerte consciente de dicho estado de ánimo porque hay gente que cuando está enojada, si le preguntan, contesta firmemente *¿yoooo?, para nada estoy enojado*, y que seas capaz de tener una visión objetiva de la situación. De lo contrario, aun si tu enojo tiene una aparente justificación, tu visión será angosta y limitada y verás exclusivamente la parte negativa del asunto en cuestión. Asume tu mal humor y date la oportunidad de sentirlo, sin forzarte a que desaparezca de inmediato; tampoco te agarres de él para justificar tus pensamientos o acciones destructivas. Intenta relajarte un poco, pon tu atención en otra cosa y confía en que el malestar va a pasar... Aceptar a la gente y las situaciones como son es el primer paso para empezar a sentir amor por los otros.

No esperes a que los demás o el mundo cambien. Cada quien es como es, y su forma de ser es tan válida como la tuya.

Ejercicio 9
Aprende a lidiar con tu enojo. He aquí algunas estrategias:

1. Cuando te sientas furibundo, haz una pausa y busca un lugar tranquilo y seguro.
2. Respira y reconoce que estás muy enojado y que nadie tiene la culpa de lo que estás sintiendo.
3. Elimina la idea de que estás siendo atacado o que el mundo está en tu contra.
4. Sacúdete el enojo: mueve el cuerpo, grita, llora..., recurre a cualquier respuesta física que libere la energía atorada.
5. Reflexiona desde cuándo te sientes así: ¿desde que te despertaste?, ¿desde anoche?, ¿hace unos días?, y piensa si alguna situación específica detonó ese estado de ánimo.
6. Observa tu diálogo interno: ¿qué cosas negativas te estás diciendo desde que estás enojado? *Soy un idiota / Debí ser más audaz para contestarle al vecino / No vuelvo a ser un dejado / No se puede confiar en nadie...*
7. No te esfuerces demasiado en dejar de sentir tu enojo, déjalo *convivir* contigo, PERO prohibido seguir machacándote en la cabeza frases negativas o de víctima, y mucho menos, repasar una y otra vez la situación.

8. Regresa a lo que estabas haciendo o intenta distraerte con otra cosa.
9. Si el enojo fue con alguien..., espera un tiempo razonable para hablar con la mente más calmada.
10. Perdona: a ti por no ser *perfecto* y a los demás si te ofendieron.

Posiblemente no te habías percatado de que tu enojo lleva tiempo instalado y ya es momento de atenderlo, pues no solo afecta tu visión de las cosas, también puedes contagiar a los demás con tu hostilidad. Hay grados de furia que se consideran patológicos; ante la duda, infórmate, existen grupos de apoyo. Recuerda que puedes elegir sentirte bien y salir al mundo, todos los días, abierto a recibir sus regalos.

2. El arte de la compasión

La compasión es la sensación de preocuparnos los unos por los otros.

—Dalai Lama

Si fuéramos un poquito más empáticos, si intentáramos ponernos en los zapatos de los demás para comprenderlos sin juzgarlos, el mundo estaría mucho mejor, pues aprenderíamos a tratarnos con más tolerancia y comprenderíamos que nuestras acciones tienen consecuencias en los otros. También, necesitamos ser más amables y agradecidos pero, ¡cuánto trabajo nos cuesta hacerlo! Según el Dalai Lama, la falta de compasión es la verdadera raíz de nuestros problemas. No somos compasivos porque solo vemos por nuestra felicidad sin tomar en cuenta la de los demás, a quienes muchas veces utilizamos para alcanzar nuestros fines. Esta es una *actitud* egoísta que debemos cambiar. La compasión, vista como la posibilidad de entender las emociones de los demás, de ser empáticos y ponernos en sus zapatos, nos permite ser menos egoístas y tener una *actitud* más generosa y solidaria.

Científicos del campo de la neurobiología explican que la falta de empatía tiene origen en nuestra química cerebral. Nuestro conflicto interno entre priorizar nuestras necesidades o las de los demás está regulado, según dicen, por mecanismos cerebrales y sustancias como la oxitocina, una hormona que se libera con el orgasmo, la lactancia y las contracciones uterinas. Esta sustancia interviene en regiones del cerebro que regulan las emociones y el comportamiento social. Se sabe que en los animales la oxitocina facilita el apego a sus crías. Bueno, pues según el neuroeconomista estadounidense Paul Zak es la *hormona de la empatía*. De acuerdo con sus descubrimientos, la liberación de oxitocina promueve el apego temporal entre desconocidos, lo que incrementa la reciprocidad y la confianza. Mediante un experimento demostró que la generosidad aumentaba un 80% entre los participantes que habían recibido una dosis intranasal de oxitocina, en contraste con aquellos que solo habían recibido un placebo. No fue el primer experimento realizado para demostrar el efecto de la oxitocina sobre la generosidad, y casi todos señalan que cuando las personas son inducidas a tomar el punto de vista de los demás la generosidad aumenta.

¿Cómo podríamos ser más empáticos? El contacto físico, así como las actividades que nos alegran e impulsan a relajarnos, pueden aumentar nuestros niveles de oxitocina y ayudarnos a ser más compasivos. Paul Zak afirma, incluso, que ocho abrazos al día son suficientes para producir más oxitocina y con ello hacer más felices a los demás. Más baile, más sexo, más masaje, más oración podrían ser las aparentes soluciones a nuestro egoísmo... Sin embargo, estos descubrimientos de la ciencia son solo una parte de la explicación, faltarían otras piezas en este rompecabezas, aunque, evidentemente, es preferible un monje tibetano orando por el mundo que un montón de hombres con altos grados de testosterona blandiendo sus armas para exigir la paz.

Con ocho abrazos al día serás más feliz y el mundo será un lugar mejor.

—Paul Zak

¿Cómo ser más compasivos?

1. Preocúpate por los demás
En *La sabiduría del perdón*, el Dalai Lama dice que *la compasión es, en cierto modo, la sensación de interesarte, de preocuparte por las dificultades y el sufrimiento de los demás*. Debemos entender que todos buscamos ser felices y dejar de sufrir, incluso los más hostiles, aunque se pongan máscaras de cinismo e indiferencia. No existen los enemigos, sino la gente tóxica y muy infeliz, y si abrimos nuestra mente para tomar en cuenta el sufrimiento ajeno, aun el de aquellos con quienes nos cuesta trabajo llevarnos bien, será más fácil comprenderlos y liberarnos de tanta tensión. Cuando dejemos de ver solamente nuestros intereses y comprendamos que también los otros desean sentirse felices, nuestros problemas comenzarán a verse chiquitos.

Preocuparte por los demás no significa solo pensar en su bienestar (o en sus problemas) y preguntarles cómo están, es hacer cosas por ellos. Puedes animar mucho a alguien dándole palabras de aliento en días difíciles o animándolo a seguir sus sueños; también, demuéstrales tu aprecio por las cosas que hacen o dedícales tiempo simplemente para conversar.

2. Dale a la gente espacio para crecer
La compasión también tiene que ver con ser pacientes y permitir que los demás crezcan. Nos ayuda a reconocer que todos cometemos errores y necesitamos tiempo y es-

pacio para asimilar nuestras equivocaciones. Ten paciencia y espera a que cada quien crezca a su ritmo, ofreciéndoles tu compañía respetuosa y abierta para cuando quieran pedirte ayuda. Si siempre tienes una *actitud* reprobatoria, es probable que cuando alguien esté listo para crecer o solicitar apoyo, no te considere como su primera opción. Recuerda: cada quien reacciona y aclara su mente de diferente manera y a diferente tiempo, así que no quieras ser tú quien le abra los ojos a los demás. Esa no es tu tarea, pero sí lo es hacer sentir bien a los otros y estar disponible para cuando alguien requiera tu consejo. Esa es la clave de la compasión.

3. Búscales el lado amable a las personas
Si tu relación con un colega del trabajo, un cliente o un familiar no fluye, empieza a cambiar tu *actitud* hacia esa persona. Búscale el lado amable... ¡hasta la gente más tóxica lo tiene! Ten la humildad de reconocer que tú tampoco eres *monedita de oro*. No midas sus defectos en función de los tuyos (*yo no soy tan grosero*) o de tus *virtudes* (*yo sí soy buena gente*), ni quieras explicar sus acciones desde tu propia experiencia. Descubre en ellos sus riquezas..., siempre hay algo que aprenderles a los demás.

4. Encuentra las afinidades
Es probable que quien te ofendió sin querer tenga otros *talentos*, pero si te enfocas solo a sus defectos y olvidas que también tiene su *corazoncito*, te cerrarás puertas. Aunque hay gente con la que de plano nunca harás *click*, tal vez con otros compartas aficiones, anhelos y formas de pensar que no habías descubierto porque estabas más atento en ver sus *defectos*. Un cliente con el que no podía llevar la fiesta en paz terminó siendo un buen amigo el día que nos fuimos a comer y descubrí no solo las afinidades que compartíamos, sino que, cuando no estaba en su

papel de cliente, tenía muchas cualidades. Me sirvió para ser más comprensiva de su propia situación y la relación profesional se suavizó. **Descubrir en qué somos parecidos y aceptar las diferencias nos puede ayudar a reencontrarnos con los demás.** Al ver las afinidades, la sensación de soledad desaparecerá y empezarás a sentir más paz, más amor...

*No intentes cambiar a la gente,
mejor cambia tu actitud.*

5. Ponte en los zapatos de los demás

No siempre es fácil hacerlo. Significa desprenderte de tus juicios y tu forma de ver las cosas. Hay quienes dicen: *Si yo estuviera en su lugar, haría esto y esto...*, pero eso no es ponerse en la situación de otros, sino juzgarlos con nuestra propia vara. De lo que se trata es de intentar ver el mundo como lo conciben los demás, de ser más empáticos y entender que nuestra forma de resolver las cosas no es LA ÚNICA ni la mejor, sino una más. Desarrollar empatía por un ladrón o un terrorista no significa justificar sus actos, pero sí ayuda a no generar más odio, a reconocer la raíz del problema y a que le busquemos una solución pacífica, en vez de responder a la violencia con más violencia.

Si empiezas a interesarte *genuinamente* por los demás, tu ansiedad y tus miedos comenzarán a desvanecerse porque ya no estarás tan agobiado por tus problemas; aprenderás a verlos desde una nueva perspectiva. Eso te hará más sabio, reconocerás tus defectos y virtudes y harás con ellos las mejores cosas. La sabiduría tiene que ver con aplicar la inteligencia a la experiencia, es decir, no podemos saber cómo son las cosas si no las experimentamos. El escritor irlandés C.S. Lewis decía que no es lo mismo describir desde fuera un rayo de luz que se cuela en un cobertizo, que situarse en medio del rayo para ver a través de él y apreciar de dónde proviene, hacia dónde va y qué ilumina a su paso. En efecto, las cosas se ven totalmente distintas dependiendo del lugar desde donde las vemos: analiza si lo haces desde tu ego o desde una posición neutral.

Cuando dejas de juzgar y aprendes a ponerte en los zapatos de los demás, resulta más fácil ofrecer tu ayuda y ver el mundo mucho más ameno y amable. Hay gente que dice: *¿para qué ayudo, yo qué gano, a mí nadie me ha ayudado?* Esta *actitud* egoísta también es ignorante, pues te hace creer que tus acciones no tienen consecuencias. Mi papá siempre nos decía que *todo en esta vida se paga*, y cuánta razón tenía. Si eres incomprensivo, pagarás con ser poco escuchado; si eres irrespetuoso, la gente empezará a ignorarte y resultarás prescindible; si eres flojo, si te esfuerzas poco, pagarás con tu pequeño crecimiento. La gente que no ayuda, tarde o temprano deja de recibir la mano de los demás; la gente que se burla de otros, se queda sin amigos. La gente a la que todo le da igual nunca aprende las lecciones y, por su ignorancia, seguirá sin transformarse. ¿Ya pensaste cómo eres?

Al final, de lo que se trata no es de ver cómo le haces para producir más oxitocina y ser el más feliz en tu burbuja; tampoco se trata de ver cómo te *defiendes* de la gente tóxica o agresiva, sino de interesarte por los demás y darle menos protagonismo a tu ego. Recuerda que nadie es el centro del Universo, todos estamos integrados y nuestros actos tienen consecuencias en los demás. Empezar a verlo así es cambiar de *actitud* y, con ello, ampliar tu visión del mundo.

3. Del Yo al Nosotros: conéctate con los demás (y no estamos hablando solo de Facebook…)

La gente olvidará lo que dijiste o lo que hiciste, pero nunca olvidarán cómo los hiciste sentir.
—Maya Angelou

Ahí estaba, en la cena con mis amigas un jueves por la noche, cuando me percaté de que mi mano derecha se dirigía a la mesita para agarrar mi teléfono y revisar si tenía mensajes. Me di cuenta de que llevaba un rato haciéndolo... y hasta había perdido el hilo de la conversación. ¡Qué estoy haciendo!, pensé, estoy con mis amigas y no tengo por qué estar revisando mis correos. Lo que más me alarmó fue descubrir que ni siquiera le había dado a mi mano la orden de agarrar el teléfono, lo había hecho de manera involuntaria. Después leí un estudio reciente que afirmaba que no era la única persona que hacía eso: es un problema universal.

Una investigación de la Universidad de Aalto en Helsinki, Finlandia, afirma que en promedio la gente dedica 2.7 horas al día a usar su teléfono inteligente para revisar información y tener acceso a aplicaciones, especialmente de redes sociales. La gente revisa sus teléfonos unas 34 veces al día de manera compulsiva, es decir, cada 10 minutos aproximadamente. Por otro lado, de acuerdo con cifras de Facebook Inc., a finales de 2004 (año en que inició) había un millón de usuarios activos. Para marzo de 2012, Facebook reportaba arriba de 901 millones de usuarios. Con estos números podría pensarse que hoy estamos más y mejor conectados que antes... Sin embargo, la falta de empatía y colaboración de la que hablábamos muestra todo lo contrario.

Entre la vida real y la vida virtual
Los celulares, el Internet y, en especial, las redes sociales virtuales han tenido un éxito enorme, entre otras cosas porque el agitado ritmo de vida que llevamos limita la convivencia cara a cara. Es cierto que los celulares facilitan los lazos personales y las redes sociales han contribuido a acercar más a la gente y a que muchos se sientan menos solos. Pero también es cierto que por naturaleza los seres humanos sentimos la necesidad de filiación, de pertenecer a grupos y ser

reconocidos, y estas redes nos dan esa sensación. Lo curioso es que, aunque estamos *enredadísimos* con cantidad de amigos y *seguidores*, a su vez estamos desconectados entre nosotros. Si no, ¿por qué nos cuesta trabajo ponernos de acuerdo prácticamente en todo? ¿Por qué no nos importa ayudar a otros y ser más amables con los demás? ¿Por qué cada vez hay más relaciones humanas fracturadas, más divorcios, más rompimientos, menos solidaridad? ¿Por qué somos tan intolerantes y juiciosos, egoístas y envidiamos la vida de otros individuos?

Sí, las nuevas tecnologías ofrecen numerosas ventajas para fortalecer, mantener y crear nuevos lazos personales, el problema es cuando las usamos para reemplazar el contacto cara a cara o cuando convertimos al ciberespacio en el único punto de contacto con los demás. De hecho, las redes sociales podrían hacerles la vida más miserable a las personas con baja autoestima, pues redes como Facebook promueven que la gente se esté comparando y solemos creer, como vimos antes, que la vida de los otros es más interesante que la nuestra. Las redes sociales contribuyen a crear más envidia y ansiedad, incluso ciertos grados de depresión. El que todos podamos compartir los aspectos más detallados de nuestras vidas (claro, solo contamos la parte *atractiva*), ha provocado una cultura *online* de comparaciones y mucha competencia, afirma Daniel Gulati, autor de *Passion and Purpose* (Pasión y propósito). Asimismo, estar revisando nuestros teléfonos y correos un ratito aquí, otro allá, mientras hago esto o aquello, provoca que nuestra atención en las cosas que hacemos sea fragmentada, y si realizamos esta actividad cuando estamos con alguien, seguramente no le damos nuestra atención completa a esa persona. Reconozco que mi hijo muchas veces me ha dicho cuando vamos a jugar: *mami, teléfono no...*

Además de estos *peligros* con el uso desmedido de celulares, teléfonos inteligentes, Internet y redes sociales, los sociólogos señalan que el verdadero peligro de las redes sociales es creer tanto en el mundo virtual que acabaremos considerándolo real. ¿Será que el mundo nos parece tan hostil que por eso el mundo virtual nos resulta fascinante?

Dedicar tantas horas a revisar *mails* o a navegar por las redes sociales significa que ese tiempo se lo estamos quitando a algo más como el ejercicio, a la convivencia con la naturaleza o con los amigos, o simplemente estamos descansando menos... Según cifras presentadas por el NYU Child Study Center de Nueva York, los niños y jóvenes estadounidenses de entre 8 y 18 años de edad pasan 6 horas diarias usando algún medio electrónico (cifra que incrementó de 4 a 6 horas en los últimos 5 años) y solo un tercio de los adolescentes platica cara a cara con sus amigos. El *Estudio de consumo de medios digitales entre internautas mexicanos* realizado en 2011 señala que 4 de cada 10 mexicanos mandan mensajes de texto mientras están con su familia y 9 de cada 10 pertenecen a alguna red social. México es el décimo país en el mundo que pasa más tiempo en dichas redes; los internautas mexicanos pasan un promedio de 7.1 horas al mes visitandolas, la cifra supera el promedio global de 5.4 horas. Es cierto, las redes sociales ya no son solo una herramienta, sino una nueva forma de conectarnos con la gente. Pero, ¿nos estamos conectando de verdad con los demás?

Conéctate en serio

Estar conectados significa mucho más que mantener una comunicación permanente, compartir información o ideas, tiene que ver con crear vínculos, con unirnos a los demás con el corazón, siendo empáticos, ofreciendo nuestro apoyo real y mostrando tolerancia a quienes no comparten nuestras ideas. Conectarnos significa establecer una relación de confianza, solidaridad y respeto. Para crear un lazo verdadero, hay que ir más allá de las conversaciones telefónicas o del chat: hay que descubrir en la práctica qué nos hace afines y poner en paréntesis las diferencias que nos separan. Cultivar las relaciones personales cara a cara es importante porque son las únicas que posibilitan una experiencia verdaderamente humana y vital. Dicen los humanistas que la solidaridad solo puede darse en la experiencia, no en las palabras. Entonces, más que tuitear: *apoyo a los estudiantes que se manifiestan*, tendríamos que estar ahí, en vivo, apoyándolos. Qué mejor forma de conectarnos con los demás que estar presentes con ellos, con todos nuestros sentidos atentos.

Claro, sería absurdo culpar a la tecnología, y específicamente a las redes sociales, por nuestra carencia de lazos fraternos y de relaciones humanas más cálidas y respetuosas. Hay algo milagroso del ciberespacio, y es que permite la conexión de una enorme energía social universal que nos da sensación de una gran comunidad. Hagamos esa conexión más real: dediquemos más tiempo a nutrir lazos genuinos y significativos en nuestra vida. La amistad es uno de los lazos de fraternidad más valiosos con que contamos.

Cultiva tus amistades
Un verdadero amigo es una sola alma que habita en dos cuerpos, decía Aristóteles. ¿Cuántos amigos en Facebook crees que tendría Aristóteles? Hay que aprender a cultivar la amistad, compartir nuestro tiempo, procurar experiencias agradables, tener una buena comunicación, saber decir las cosas con honestidad y respeto, tener buenos detalles y demostrar nuestro afecto. Es posible todo esto con dos, cuatro o diez amigos, no sé si con 500... Una **actitud** amigable nos ayuda a interesarnos verdaderamente en los demás y en sus necesidades. Los verdaderos amigos se procuran, se preocupan por el otro y se aceptan como son. Sí, es posible que las personas tímidas se expresen con mayor libertad en las redes sociales, pero, si es tu caso, ¿no crees que sería mejor que te conocieran y te quisieran tal como eres? Los verdaderos amigos sienten admiración mutua. ¿Ya pensaste quiénes

son tus amigos? ¿Qué *actitudes* o características aprecias en ellos? Ahora bien, antes de juzgarlos, pregúntate: ¿qué tan buen amigo eres? ¿Aceptas a tus amigos como son, te preocupas por ellos? ¿Sabes escucharlos o hablas más de ti que de ellos? Las verdaderas amistades no suceden por casualidad, hay que ser buenos amigos si queremos tener buenos amigos. Aléjate del egoísmo y no seas desconsiderado, respeta el tiempo de los demás. No abuses de la confianza de tus amigos solo porque *hay confianza*, llegando tarde a una reunión, dejándolos plantados, si quedaste en llamarles y no lo hiciste... Precisamente porque son tus amigos, valóralos incluso más que a tu jefe o a cualquier otra persona que consideres *importante*, préstales toda tu atención y contágialos con una *actitud* optimista. ¿Quién quiere cultivar un amigo tóxico o que siempre está de malas?

Procura los pequeños detalles
El amor se expresa más en los detalles cotidianos que en las ocasiones especiales, esto, porque los primeros son constantes, mientras que las fechas especiales son intermitentes. Decirle a alguien que lo quieres solo en su cumpleaños es darle bajas dosis de tu afecto. Con los amigos, la familia o la pareja, los pequeños detalles son los que verdaderamente dicen lo mucho que ellos te importan. Las pequeñas cosas tienen un significado y un impacto mayor del que creemos. Si demuestras tu amor o tu aprecio en dosis frecuentes, aunque sean pequeñas, establecerás un vínculo más profundo y constante. La constancia nos da certeza; dicen que esta es la razón por la que muchas relaciones a distancia atraviesan grandes dificultades: porque se pierden de los asuntos *triviales* que expresan los verdaderos sentimientos.

Del mismo modo, el amor y la felicidad pueden verse dañados seriamente cuando tenemos pequeños y constantes gestos negativos con el otro. La repetición continua de frases, *actitudes* o acciones nefastas, como decirle todos los días a tu pareja que está gordo o quejarte siempre de lo mal que cocina, demuestra tu desamor e intolerancia, por lo que decir *te amo* o *te quiero mucho* en las ocasiones especiales no sirve de nada. Si nuestra **actitud** es amorosa y tenemos detalles que hablan por sí mismos de nuestro afecto, lograremos conectarnos con el otro con un amor profundo y genuino.

Deja una huella de amabilidad

La gente que se interesa genuinamente en los demás es siempre bienvenida en todas partes y se le aprecia por su amabilidad. Las personas amables dejan siempre un buen sabor de boca, te recargan la pila y te hacen sentir mejor. Todos podemos elegir cómo comportarnos con los demás y cómo queremos ser recordados. No necesitas ser un superhéroe, un artista importante o misionero de la congregación de la Madre Teresa de Calcuta para dejar huella, basta con demostrarles a los demás que te importan tratándolos bien. No es posible que le hables mal a tu pareja y pretendas que sienta cariño, o que seas grosero con tu equipo de trabajo pero en ocasiones les digas que te importan mucho. Hay que ser congruentes en nuestra forma de tratar a los demás.

Ayuda a alguien a sentirse especial y, al hacerlo, le dejarás una huella indeleble. Esta **actitud de aprecio** hacia otros se volverá parte de tu persona y del recuerdo que deje tu paso por esta Tierra.

Me parece hermoso escuchar cómo se expresan de mi suegro todas las personas que lo conocieron. Aunque murió hace ya varios años, al hablar de él lo traen a la vida porque vuelven a reírse de sus chistes o de sus amenos comentarios. La gente apreciaba su gran carácter y la **actitud** *tan optimista que tenía en la vida: lo recuerdan como alguien que siempre estaba de buen humor. Lo que más se extraña de él es eso: que a sus 76 años de edad era capaz de seguir contagiando de alegría a* *cualquiera, nos inyectaba mucho entusiasmo. Su **actitud** era **jovial y muy vital**. No había manera de seguir de malas después de haber pasado un rato a su lado. Ya fuera con una invitación a comer, o regalándonos un disco de música o un libro con un título muy alegre, siempre nos daba algo que nos elevaba el ánimo, así que cuando te despedías de él te ibas como más lleno, te sentías mejor. ¡Qué admirable ser recordado así! Mi suegro no fue famoso como un artista de cine, su fama no trascendió más de algunas cuadras, pero yo nunca he visto un velorio tan concurrido y tan emotivo como el suyo; no solo no dejó de llegar una gran cantidad de gente para despedirse de él (desde la señora que por años le cortó el pelo hasta sus pacientes de toda la vida, sus amigos y, obviamente, su familia), sino que cada persona que estaba ahí tenía una historia divertida con él y un sentimiento de mucha gratitud por el entusiasmo, la bondad y la alegría que les había regalado. Supo, con su gran **actitud**, aportar su granito de arena para mejorar al mundo, aunque sea por un breve espacio, como él mismo escribió alguna vez. Nos dejó un mundo mejor a quienes lo conocimos...*

Un simple gesto de amabilidad, como cederle el paso a otro coche o ayudar a una embarazada a cargar sus compras del súper, será capaz de hacer sentir bien a esa persona y le aportará más bondad al mundo. Mejor aún: estarás sentando bases más sólidas de una **actitud** generosa que te servirá de apoyo en momentos difíciles y te estarás rodeando de una energía bondadosa que solo podrá atraer a tu vida más cosas buenas.

Ejercicio 10
Empieza a interesarte en los demás.

1. Intenta hablar menos de ti y nunca olvides preguntar: ¿tú cómo estás?

2. Presta toda tu atención, apártate del celular o de las cosas que estás haciendo y dedica tu tiempo y total atención para escuchar a los otros.
3. Haz sentir bien a alguien; enfócate en sus cualidades y díselas. Los halagos sinceros le suben el ánimo a cualquiera.
4. Sé amable y sonríe cada que puedas.
5. Regala momentos de felicidad. Una agradable conversación, una visita inesperada o una invitación a tomar un café son formas de demostrarle a la gente que la aprecias.
6. Ten detalles. Los favores, sobre todo cuando no te los piden, son muestras de que ese alguien te importa.
7. Ofrece tu ayuda: visita casas de asistencia de ancianos, niños o indigentes, y no solo les aportes bienes materiales, sino también tu tiempo.
8. Involúcrate como socio o *padrino* en algún programa de apoyo comunitario. Hay muchas organizaciones donde puedes ayudar a través de cargos mínimos mensuales y automáticos a tu tarjeta.
9. Ofrece lo más valioso que tienes: tu tiempo.
10. Deja que te ayuden. Suena extraño, pero cuando no permitimos que alguien haga algo por nosotros le estamos diciendo que su ayuda no es necesaria o que no nos interesa. Dejarse ayudar no solo es soltar el control, sino hacer sentir útiles a los demás.

4. En sintonía con el Universo

Trata bien a la Tierra. No nos fue otorgada
por nuestros padres, nos la prestaron nuestros hijos.
No la heredamos de nuestros ancestros, la pedimos
prestada de los niños.

—P<small>ROVERBIO</small> H<small>INDÚ</small>

Durante una entrevista le preguntaron a Einstein qué era lo más importante que se podía saber acerca del universo, y contestó: *La pregunta básica que todos debemos hacernos es si el universo es amistoso con nosotros.* Lo que Einstein quiso explicar con su respuesta era que, si bien el universo es misterioso, infinito y difícilmente llegaremos a saber todo acerca de él, lo que realmente debía importarle a cada persona era saber si el universo estaba de su parte o en contra suya. Esta afirmación determina la *actitud* que eliges para vivir la vida. El mundo está de tu parte solo si quieres verlo así, aunque hay quienes se empeñen en creer lo contrario y piensan que la vida solo es amigable si responde a sus expectativas. Pero aun cuando no obtenemos todo lo que queremos, *la vida está a nuestro favor*. Esa sabiduría de la vida de la que hablábamos en el capítulo anterior se encuentra latente en las leyes de la naturaleza. ¿Cuántas veces no te has sorprendido por lo sabia que es? Y no solo es sabia, es bondadosa —está a nuestro favor—, nos da muchas oportunidades, incluso si nuestra *actitud* con ella ha sido irresponsable. Descuidar al planeta y explotar sus recursos demuestra, de nuevo, nuestra *actitud* egoísta pero también ignorante: creemos que podemos ir por el mundo acabándonos sus riquezas sin sufrir ninguna consecuencia. Sabemos que hay numerosas especies en peligro de extinción, pero mientras no sea *la nuestra*, ¿nos importa? ¿A quién le preocupa que el 25% de los mamíferos, 30% de los anfibios y 21% de las especies de aves estén en peligro de extinción? Seguramente para cuando dejen de existir el koala o la ballena beluga ya ni estaremos en este planeta. Pues bien, las consecuencias de maltratar la Tierra las estamos sufriendo hoy y empeorarán para las generaciones futuras: nuestros hijos, ¿ellos sí nos importan?

Para vivir una vida plena es necesario sentirnos en sintonía con el Universo y todos sus habitantes. No solo debemos preocuparnos por la gente, también por las riquezas naturales y por entender y respetar las leyes de la Naturaleza. Tenemos que ser más compasivos con el planeta y entender que no somos entes aislados de la naturaleza: dependemos totalmente de ella.

Tu actitud con el planeta
¿Qué tan dispuesto estás para cambiar tu *actitud* hacia el planeta? ¿Por qué no dejas de tirar basura, así sea una *insignificante* colilla de cigarro? ¿Qué te cuesta apagar las luces cuando no las ocupas, bañarte más rápido o separar la basura? Hoy vemos la difícil relación que tenemos los seres humanos con las leyes naturales: no las respetamos y sobreexplotamos al planeta. Estamos tan distraídos viendo por nuestros intereses, que no nos agobiamos por tomar conciencia sobre nuestra *actitud* hacia la Tierra y sus consecuencias. Decimos, de dientes para afuera, que nos preocupa el medio ambiente y la naturaleza, pero nuestros actos cotidianos reflejan lo contrario. Aseguran los científicos ambientalistas que de seguir sin preocuparnos por el planeta, en unos cuantos años (por ahí del año 2050), serán necesarios 27 planetas Tierra para sustentar la vida como la conocemos hoy. Lo más prudente sería empezar a cuidar el planeta desde ahora porque hasta el momento no se ha encontrado otro igual a la Tierra para vivir. El biólogo y ecologista John Cairns, Jr., enuncia esta Regla de Oro: hacer con la naturaleza lo que esperamos que ella haga para nosotros. En otras palabras, debemos tratar al planeta como queremos que nos trate.

La Naturaleza no espera, si no actuamos a tiempo, buscará la forma de mantener su equilibrio. Cuando decimos: *nos vamos a quedar sin agua* o *vamos a destruir al planeta*, nos equivocamos, porque antes de que eso sucediera moriríamos nosotros de sed, de hambre, por un virus o alguna catástrofe natural. La naturaleza tiene formas sabias de mantener su equilibrio y por eso nunca se equivoca.

Necesitamos cambiar nuestra *actitud* y dejar de esperar a que *alguien más* o el futuro resuelva las cosas; debemos preocuparnos y ocuparnos desde ahora y hacer lo que nos toca. No pienses que no tiene caso tomar acciones individuales, por pequeñas que sean tendrán un impacto importante. Por ejemplo, aunque veas que los del camión de la basura revuelven tus desperdicios, tú no dejes de separar los restos orgánicos de los inorgánicos. Estas acciones se convertirán en hábitos y no solo estarás dando un ejemplo a las siguientes generaciones, sino que, en algún punto, seremos más quienes separemos la basura. Una sola acción, por mínima que parezca, puede tener consecuencias significativas. Se le conoce como el efecto mariposa, un concepto que proviene del meteorólogo Edward Lorenz, quien al intentar predecir el clima descubrió que hasta las variables más pequeñas podían tener una influencia significativa en otro lado del planeta. De ahí que se diga que el aleteo de una mariposa en cualquier parte del mundo puede provocar una tormenta poderosa a miles de kilómetros.

Nuestros actos, por pequeños que nos parezcan, se suman a los actos de los demás y pueden hacer la diferencia.

Empecemos a ver desde hoy los efectos de un cambio en nuestra actitud: si cada uno de nosotros toma decisiones favorables diariamente, la suma de todas esas voluntades individuales producirá una reacción en cadena.

Lo que tú puedes hacer por el planeta

1. Deja de contaminar. Camina, usa la bici o el transporte público para emitir menos gases contaminantes. México es el onceavo país en emisión de gases en el mundo.
2. Consume productos locales. Dale preferencia a lo que se

cosecha en tu comunidad o cerca de tu ciudad; contamina demasiado traer los productos desde lugares alejados.
3. Recicla para reducir el consumo de bienes.
4. Genera el sentido de comunidad. Con tus vecinos, busquen soluciones para reciclar basura, ahorrar luz o consumir productos locales.
5. Sé proactivo. Investiga y edúcate sobre la responsabilidad ecológica.
6. Enseña con el ejemplo y actúa de acuerdo con tus ideales.

Es posible tener cielos más azules, mares llenos de vida acuática, selvas y bosques preservados, y sentirnos uno con el planeta si aprendemos a cuidarlo. Compartimos esta Tierra con otros 30 millones de especies, ¿nuestro egoísmo justifica aniquilar siquiera a una de ellas? ¿Qué consecuencias espirituales tiene actuar de esta manera tan egoísta? Quizá nos estamos perdiendo cada vez más de experiencias que harían que nuestra vida fuera más plena, carecemos del sentido de comunidad y de intimidad con el mundo. Dejamos de maravillarnos por la belleza y la bondad de la naturaleza porque la damos por hecho, no tenemos una verdadera conexión con nuestra Tierra porque no la respetamos.

Imaginarse un mundo mejor es posible, pero el mundo real es el que tenemos hoy y, de nuevo, el futuro no existe. Dejar para mañana un mundo mejor es perdernos hoy de la posibilidad de tenerlo. No se trata de buscar un mundo perfecto, pero sí en equilibrio; de que la vida sea más divertida, interesante, cordial. Llevar una existencia pacífica, vivir serenos, sin temores y confiando en que contaremos con la persona de junto si llegamos a necesitar su ayuda.

5. Una reacción en cadena (o el salto cuántico)

Un pequeño paso es capaz de tener repercusiones maravillosas a la distancia o en el tiempo. Cualquier pequeño cambio que hagas hoy en tu *actitud*, en tu forma de comprender y ayudar al otro, en cómo te preocupas por los demás y por el planeta, tendrá, tarde o temprano, grandes consecuencias. La *actitud* no solo es capaz de modificar nuestro comportamiento individual y ayudarnos a sentirnos mejor, también tiene efectos a nivel colectivo. Por ejemplo, alguien que es positivo frente a los problemas puede motivar al grupo que le rodea para salir adelante, y viceversa. Recuerdo una compañera que tuve en el trabajo, que solo se dedicaba a ver lo malo que había en la empresa, criticaba todo y a todos, nada le parecía suficiente ni justo y tenía la habilidad de encontrarle algún problema a todo. Nos tenía infectados con su negatividad, hasta que el día que la corrieron (cosa que ella, obviamente, vio como una confirmación de sus sospechas de complot), *mágicamente* el entorno empezó a sentirse más cómodo en la oficina. Nos empezamos a llevar mejor entre todos y el trabajo en equipo comenzó a fluir. ¡Es increíble cuánto puede influir la mala energía de una persona dentro de un grupo! Así que lo primero que puedes hacer para cambiar al mundo es analizar de qué contagias a los demás y cambiarte de frecuencia energética, vibrar en una energía más optimista y armoniosa. Se lo debemos al mundo y nos lo debemos todos.

Creer y confiar en que podemos ser solidarios, empezar a cambiar nuestra actitud, es el primer paso para mejorar la situación en el mundo.
La solidaridad no es tarea exclusiva de los gobiernos o las organizaciones internacionales.
Hay que generar el cambio nosotros.

Un mundo con una mejor actitud
Un día, mientras escribía este último capítulo, tuve la oportunidad de ver en televisión un reportaje sobre los habitantes de Oxtotitla, en Veracruz. Hasta hace cinco años, en esta

comunidad rural no había agua potable ni una escuela digna. El reportaje mostraba niños tomando café a falta de leche y comiendo quelites con manteca o tortillas con sal como su única alimentación. Su escuela era un salón construido con tablones de madera y techo de lámina por donde se colaba el agua. Sin embargo, el panorama ha comenzado a cambiar y hoy es más alentador: en Oxtotitla ya tienen una escuela digna, los niños se alimentan mejor y los adultos se han autoempleado en un invernadero. Todo esto con la buena actitud de los pobladores y la ayuda de una organización no gubernamental y sin fines de lucro que funciona gracias a las aportaciones voluntarias de la sociedad: Fondo para la Paz. Entonces me di cuenta de algo: hace más de cinco años nos inscribimos a una asociación para que nos descontaran mensualmente de la tarjeta una mínima cantidad que sería destinada a las comunidades rurales más pobres del país. Resultó que esa asociación es la misma de la que hablaban en el reportaje de televisión. Hasta entonces, nunca había reparado en las consecuencias que podía tener una pequeña ayuda y verlo con mis propios ojos me puso la piel chinita. ¿Cuántos mexicanos estábamos ofreciendo nuestra ayuda, por muy pequeña que sea, para generar un cambio tan positivo en estas comunidades? Por lo general, nuestra actitud ante este tipo de causas tiene siempre un cierto grado de escepticismo y llegamos a pensar que la ayuda que podemos ofrecer no servirá de mucho. Pero este reportaje me hizo comprender que nuestros 150 pesos mensuales se estaban sumando a los otros pesos de muchos voluntarios que, al final, se convertían en una gran ayuda. ¿Qué pasaría entonces si todos estuviéramos dispuestos a compartir algo de lo que tenemos con los demás?, ¿si tuviéramos la actitud de ayudar y confiar en que se puede construir un mundo más amable y *mejor para todos*? Seguramente, se sumarían muchas voluntades y podríamos generar una sociedad con una mejor **actitud**.

En efecto, como decía Einstein, el mundo puede ser tan bueno contigo como lo quieras ver. Podemos creer que el mundo es un lugar amigable si empezamos a confiar en la bondad de la gente, en que todavía hay más personas *buenas* que *malas*. Es cierto que a veces, con tantas noticias nefastas y tanta agresión en las calles, terminamos preguntándonos: ¿dónde está la bondad del mundo? Pues sí, ahí está, dentro de cada uno de nosotros cuando somos capaces de unirnos en solidaridad para ayudar a otros. Ejemplos hay muchos, todos los días, y deben servirnos para alimentar la confianza y creer que si aprendemos a preocuparnos por los demás, a ser más amables, si todos cambiamos nuestra ***actitud***, podemos vivir en un lugar mejor.

Aunque haya mucha hostilidad en el mundo, no deja de haber aún muchas muestras de apoyo, solidaridad y respeto. Algunos grandes ejemplos son la forma en que muchas comunidades salen adelante de adversidades tan terribles provocadas por las catástrofes naturales. Su recuperación se ha debido, en gran medida, a la solidaridad de la comunidad internacional. Los países difícilmente salen adelante solos, igual que las personas, pero por fortuna, en situaciones límite, aún somos capaces de mostrar empatía. Mucha es la gente, en todo el mundo, que sigue ofreciendo su ayuda sin pedir nada a cambio. A menor escala también vemos todos los días que el espíritu de cooperación y generosidad sobrevive a la ira y al egoísmo, cuando un desconocido nos guarda el lugar en la fila, cuando un taxista nos reporta el celular que dejamos olvidado en su coche, cuando una persona de bajos recursos decide que le sobra mucho y lo comparte con alguien más, cuando en un supermercado nos unimos todos para buscar a un niño perdido... Con solo ayudar a una persona puedes hacer la gran diferencia en el mundo: piensa en el profesor que te dijo por primera vez que eras bueno en algo, en la persona que te dio tu primer empleo. Alguien cambió tu vida tan solo porque te dijo algo: creyó en ti.

Piensa en las personas que han cambiado tu vida. Sin duda, la gente común es la que hace cambiar al mundo (no solo los misioneros, los políticos o los monjes budistas). Todos tenemos la habilidad de provocar un cambio en el mundo; empecemos con el paso más sencillo: genera buena actitud ayudando a alguien.

Seamos una sociedad más amigable y más espiritual, más conectados con lo sagrado de la naturaleza. Si todos comenzamos a poner de nuestra parte, en algún punto seremos la mayoría y alcanzaremos el 51%, es decir, más de la mitad de las personas actuando en una misma dirección positiva. Llegaremos a un punto de inflexión en el que la balanza se inclinará hacia la abundancia: dominarán los buenos sentimientos como el amor, la amistad, la gratitud, la empatía y la generosidad. Provocaremos un cambio importante de conciencia y nos sentiremos más conectados.

La *actitud* solidaria y generosa nos hace bien a todos; ayudarnos nos hace sentir mejor, más tranquilos, más felices y le damos un propósito mayor a nuestras vidas. Aprende a ver más allá de tu bienestar personal y cambia tu *actitud* por una más positiva. Tienes obligación de contagiar buen ánimo, sobre todo en tiempos difíciles, y debes comprometerte a seguir creyendo en la humanidad. Vale la pena apostarle al mundo, asumir una *actitud* más optimista ante las catástrofes, las malas caras y el desánimo de los que han dejado de creer en Dios, en la humanidad, en la naturaleza, en los demás, pero sobre todo, en sí mismos. Tú puedes hacer la diferencia para cambiar al mundo que te rodea: cambia tu *actitud* y cambiarás tu vida y la de los demás.

10 cosas que puedes hacer hoy para generar un cambio
1. Sonríe a todo el que veas.
2. No seas cruel ni digas cosas negativas de los demás.
3. Sé amable y ofrece siempre tu ayuda.
4. Cuida el agua, la luz y el aire, usa menos tu auto.

5. Ten en el día, por lo menos, 51% de pensamientos positivos.
6. Planta un árbol.
7. Sé un buen padre, ¡ama, ama, ama a tus hijos!
8. Evita el desperdicio de comida y recicla.
9. Apoya económicamente o con tu tiempo a alguna obra de caridad.
10. Lee y respeta el reglamento de tránsito.

    Aprende a dar y a esperar menos, a ser agradecido con la vida, a preocuparte poco por las cosas sin importancia, a poner atención a cada momento de tu vida. Comparte tu existencia y tu tiempo, sal al mundo y diviértete, no tengas miedo. Confía en los demás y, sobre todo, confía en ti y en que no estás solo. Confía en el poder transformador de tu *actitud*, cierra este libro y empieza a vivir intensamente.

    Mi mayor anhelo es que esta obra nos ayude a cambiar un poquito al mundo o, por lo menos, a querer intentarlo. Podemos hacer mucho si empezamos a cambiar nuestra *actitud* y contagiamos a los demás con una energía *mucho más positiva*. Recuerda que todos somos energía, positiva y negativa, y si emitimos una energía positiva con nuestra *actitud*, esta a su vez generará más. Dejemos de pensar solo en nosotros mismos, veamos a los demás. Cambia tu *actitud*, cambiarás tu vida y la de los demás... y serás más feliz.

Conclusiones

Los expertos en el campo de la física cuántica explican que un salto cuántico sucede cuando un electrón brinca de un nivel de energía a otro mayor sin aparente explicación. Es un cambio que, aunque parece inesperado, se da como consecuencia de modificaciones en la energía. Me gusta pensar que el crecimiento personal funciona de la misma manera: los cambios radicales en tu vida no se dan de un día para otro, aunque así parezca. Un cambio en tu actitud y en tu forma de ver la vida no sucede de la noche a la mañana. El primer paso es tener la voluntad (¡vaya paso!) de querer cambiar. Después, necesitas averiguar y decidir hacia dónde quieres ir y luego tomar acciones todos los días para llegar a esa meta. En el camino se atravesarán contratiempos y solo podrás superarlos si cambias tus pensamientos y las cosas que te dices, si confías en ti mismo, si tienes una sólida autoestima y si tienes confianza en que podrás resolver los obstáculos para salir adelante. Hay cambios para los que ya no hay vuelta de hoja. Aunque las decisiones se toman en cuestión de segundos, llegar a ese punto, al de decidir hacer un cambio importante en tu vida, puede tomarte días, meses o años, y tal vez ni siquiera notaste cuándo empezó. ¿Dónde inició el cambio? El día que decidiste que necesitabas hacer algo distinto para modificar tu realidad. El día en que te cayó el veinte y te dijiste: *algo tengo que cambiar*. Quizá el día en que te topaste con este libro y llamó tu atención... Sus páginas buscan inspirarte, darte ideas y herramientas, no sustituyen terapias, amistades ni consejos cara a cara. Solo tú sabes qué necesitas en este momento de tu vida, confía en que conoces cuál es tu camino y qué herramientas necesitas para seguir creciendo. Es posible que en esta obra encuentres la inspiración para cambiar tu actitud y se te abran puertas para buscar tu transformación profunda, con o sin ayuda de otros expertos.

No importa cuándo hayas empezado a cambiar, hoy es una gran oportunidad para dar el salto y mejorar tu actitud. Si lo haces, el mundo te parecerá más amigable, te sentirás más pleno, te relacionarás mejor con las personas y te sentirás más cómodo con tu vida, más feliz y realizado. Cambiar de actitud puede ser fácil con voluntad, esfuerzo y constancia. Ya te di mil razones que demuestran por qué vale la pena tener una actitud más amable, optimista y cordial. ¿Quieres cambiar tu vida? ¿Quieres sentirte más feliz? ¿Quieres ver un mundo mejor? Empieza hoy a cambiar tu *actitud*.

Bibliografía y Fuentes

Introducción
Optimism, Pessimism and Mortality, (Optimismo, pesimismo y mortandad) Mayo Clinic Proceedings, Febrero 2000, Vol. 75: 133-134. Maruta T, Colligan RC, Malinchoc M, Offord KP. *Optimists vs. pessimists: survival rate among medical patients over a 30-year period*, (Optimistas vs. pesimistas: tasa de supervivencia en pacientes clínicos durante un periodo de 30 años). Mayo Clin. Proc. 2000; 75:140-143.

Capítulo 1
Davidson, Richard J. & Sharon Begley, *The Emotional Life of Your Brain. How its unique patterns affect the way you think, feel, and live —and how you can change them*, Hudson Street Press, Nueva York, 2012.

Bijou, Jude, *Attitude Reconstruction. A blueprint for Building a Better Life*, Riviera Press, Santa Bárbara, CA., 2011.

Capítulo 2
Morris, Desmond, *La naturaleza de la felicidad*, Editorial Planeta, Barcelona, 2006.

Roy F. Baumeister, John Tierney, *Willpower: Rediscovering the Greatest Human Strength*, Penguin, Nueva York, 2011.

Brett, Regina, *Dios nunca parpadea*, Editorial Diana, México, 2011.

Arden, John B., *Rewire Your Brain*, John Wiley & Sons, Nueva Jersey, 2010.

Hodge, Jack, *The Power of Habit: Harnessing the Power to Establish Routines that Guarantee Success in Business and in Life*, 1st. Books Library, Bloomington, 2003.

Capítulo 3
Longmore, Caroline, e-book *The Serotonin Secret*, http://galenna-turopathic.com/4.html

Pink, Daniel H. Drive, *The Surprising Truth About What Motivates Us*, Riverhead Books, Penguin, Nueva York, 2009.

Goleman, Daniel, *Social intelligence: The new science of human relationships*, Bantam Books, Nueva York, 2006.

Cohen, S., "Social relationships and health", *American Psychologist*, 59, pp. 676-684.

Peterson, Christopher, and Martin P. Seligman, *Character Strengths and Virtues: A Handbook and Classification*, Oxford University Press, Nueva York, 2004.

Capítulo 4
Arden, John B., *et al.*

Richard J. Davidson, *The Emotional Life of Your Brain*, Penguin, Nueva York, 2012.

Billington, Dottie, *Ph.D., Life is an Attitude,* Lowell Leigh Books, EUA, 2001.

Pérez-Islas, Gabriela, *Cómo curar un corazón roto*, Editorial Diana, México, 2011.

Harrell, Keith, *Attitude of Gratitude*, Hay House, Vancouver, 2003.

Capítulo 6
Peterson, Christopher and Martin P. Seligman, *Character Strengths and Virtues: A Handbook and Classification*, Oxford University Press, 2004.

Tolle, Eckhart, *The Power of Now. New World Library*, Novalto, CA, 2000.

Gardner, Howard, *Multiple Intelligences: New Horizons in Theory and Practice*, New Horizons, Basic Books, Nueva York, 1993.

Fredrickson, Barbara, *Positivity: Top-Notch Research Reveals the 3 to 1 Ratio That Will Change Your Life*, Three Rivers Press, Nueva York, 2009.

Capítulo 7
Morris, Desmond, *et al*.

Dávila Mendoza, Sanjuana, "Relación entre los niveles de espiritualidad y fortaleza en ancianos mexicanos", tesis de Maestría en Ciencias de Enfermería con Énfasis en Salud Comunitaria, Universidad Autónoma de Nuevo León, Facultad de Enfermería, Enero, 2004, TM Z6675.N7 FEn 2004.D3.

Antaki, Ikram, *Filosofía / Espiritualidad*, Joaquín Mortiz, Col. Booket, México, 2002.

Dalai Lama, traducido y editado por Jeffrey Hopkins, *How to Practice. The Way to a Meaningful Life*, Atria Books, Nueva York, 2002.

Brett, Regina, *et al*.

Gilbert, Elizabeth, *Eat, Pray, Love. One Woman's Search for Everything Across Italy, India and Indonesia*, Penguin Books, Nueva York, 2006.

Williams, Mark and Danny Penman, *Mindfulness: An Eight-Week Plan for Finding Peace in a Frantic World*, Rodale, Nueva York, 2011.

Capítulo 8
"Prevención del suicidio. Un instrumento en el trabajo". Organización Mundial de la Salud, Departamento de Salud Mental y Abuso de Sustancias, Ginebra, 2006.
http://www.who.int/mental_health/prevention/suicide/resource_work_spanish.pdf, fecha de consulta: 5 de junio de 2012.

Zak PJ, Stanton AA, Ahmadi S (2007), *Oxytocin Increases Generosity in Humans*. PLoS ONE 2(11): e1128. doi:10.1371/journal.pone.0001128

Billington, Dottie, *et al*.

Dalai Lama, *La sabiduría del perdón*, Ediciones Oniro, Barcelona, 2006.

Estudio de consumo de medios digitales entre internautas mexicanos 2011, 4ª edición, Televisa Interactive, Millward Brown, IAB México, fecha de consulta: 6 de junio de 2012.
http://www.slideshare.net/hoovazqtank/estudio-de-consumo-de-medios-2011

Gulati, Daniel, *Passion & Purpose: Stories from the Best and Brightest Young Business Leaders*, Harvard Business Review Press, 2011.

Chong López, Blanca, *Internet desde la visión de los jóvenes*. Facultad de Ciencias Políticas y Sociales, Universidad Autónoma de Coahuila:
http://www.razonypalabra.org.mx/anteriores/n49/bienal/Mesa%2010/PonenciaB%5B1%5DChong.pdf

Cairns, John, "Environmental Health Perspectives", Vol. 110, No. 2, febrero de 2002.